UNION EUROPÉENNE,

un avenir exceptionnel

Union Européenne,

un avenir exceptionnel

JEAN FLORY

Éditions les vingt-huit

SOMMAIRE

I

PENSER LE FUTUR

Dans un livre paru en 2005, *Pourquoi l'Europe dominera le XXIᵉ siècle*[1], Mark Léonard expliquait comment les options et surtout la position géopolitique et stratégique de l'Europe la placeront au centre des décisions planétaires et lui conférera un véritable leadership. Le raisonnement de l'auteur, spécialiste de politique étrangère, vaut autant si ce n'est davantage dans tous les domaines de l'Union qu'il n'aborde pas : social, économie, culture, démocratie... Oui, l'Union peut dominer le XXIᵉ siècle, non pas par la force ou la richesse mais par un leadership moral reposant sur une extraordinaire réussite sociale, sociétale, politique et économique.

Alors pourquoi tant de doutes, de critiques, de combats contre le développement de l'Union ?

À la lumière des débats français et hollandais en 2005 sur le projet de constitution européenne, aux réticences de l'Irlande en 2008 sur le traité de Lisbonne, enfin, aux prises de position anticommunautaires après 2008 dans la grande crise économique et financière, sont apparues deux réalités stupéfiantes.

---

1. Plon, 2006

En premier lieu, ces débats, très intenses, ont montré que les citoyens de nos pays ne connaissaient pas l'Union Européenne dans laquelle ils vivaient – au moins pour les plus anciens membres – depuis des décennies. Le nombre d'erreurs et de contrevérités échangées laissent perplexes. On peut rechercher la responsabilité de cet état de fait du côté des hommes politiques, des médias, des institutions communautaires ou du système éducatif... Les premiers responsables de la situation sont quand même les citoyens eux-mêmes, interpellés sans cesse par la construction européenne, omniprésente tous les jours dans les médias, construite pierre à pierre, jour après jour depuis 1952, qui n'ont pas réalisé ce qui est désormais leur cadre de vie. L'Union ne s'est pas faite dans la clandestinité. Elle a eu ses heures de gloire et ses drames, ses succès et ses crises, poussées parfois à un haut niveau de paroxysme. Pourquoi tout d'un coup ces attaques contre l'Union Européenne, graves, contradictoires, portant à la fois sur ses frontières, ses procédures, ses résultats et ses perspectives ? Ingouvernable, non démocratique, ultra-libérale, antisociale n'étaient que quelques-unes des critiques qui lui étaient adressées. L'Union, si longtemps soutenue par tous les partis politiques (à l'exception de l'extrême gauche et des nationalistes), par presque tous les syndicats, courtisée et sollicitée par l'ensemble des catégories socioprofessionnelles, s'est subitement vu attribuer la responsabilité de tous les problèmes de ses pays : chômage, défaut de croissance, immigration, fracture sociale, restructurations, mondialisation...

La seule explication que l'on puisse trouver à cette volte-face des opinions est l'oubli de ce qu'est réellement l'Union et de ce qu'elle a fait pour chacun des pays qui la composent. Pas plus qu'aucune œuvre humaine, l'Union Européenne n'est parfaite. Elle a commis des erreurs, raté des occasions, fait preuve de manque de courage ou commis des excès dans la volonté de bien faire. Elle a connu de graves crises économiques et politiques. Elle a beaucoup communiqué, mais sur des sujets difficiles, parce que techniques, peu familiers aux citoyens. Dans cette communication, elle a souvent été combattue par les gouvernements qui s'attribuaient les aspects positifs de son action et lui renvoyaient la responsabilité de problèmes qui étaient les leurs. Toujours est-il qu'à l'heure du référendum, de l'approbation du traité de Lisbonne ou de la crise de 2008, ont été oubliés la réconciliation des peuples européens, les bienfaits de la politique agricole commune, la croissance économique et sociale des trente (années) glorieuses, l'émergence d'une politique commerciale de l'Europe, bref la contribution majeure de l'Union à la résurrection de l'Europe occidentale et l'attraction irrésistible de la Communauté sur les pays de l'Europe de l'Est, attraction qui a fortement contribué à la chute du mur de Berlin.

Le second constat qui ressort de ces débats est que deux pays fondateurs, ont pris le risque de stopper, voire de démembrer la construction européenne, comme s'ils n'y tenaient plus. Un beau jour de mai 2005, les Français ont dit non à un projet de constitution européenne préparé pendant plus de trois ans sur l'impulsion de tous les chefs d'État des pays de l'Union et des pays candidats à l'adhésion, projet rédigé par une Convention de plus de deux cents hommes politiques de grande autorité, venant de toute l'Union, associant par leur présence tous les partis politiques, les gouvernements et les parlements de nos pays ainsi que les institutions européennes, animée par un ancien président de la République française. Peu de semaines après, les Hollandais disaient non eux aussi. C'est dire que Français et Hollandais ont délibérément refusé un acte fondateur consolidant l'acquis communautaire et préparant l'avenir européen. En 2008, c'était au tour des Irlandais de dire non au traité de Lisbonne dans des conditions aussi ambiguës que les Français et les Hollandais en 2005. Enfin, depuis la crise économique, les attaques en détail ou en bloc se sont multipliées contre cinquante ans d'efforts pour donner vie à la construction politique la plus audacieuse du XXe siècle.

Que signifient ces non ? Un malentendu, un désamour, une vraie hostilité ? Les trois sans doute. Il serait confortable de se dire que ce qui est arrivé au projet de constitution européenne ou au traité de Lisbonne, serait arrivé à n'importe quelle disposition constitutionnelle nationale qui aurait été soumise à référendum, à la fois parce que les Français et les Hollandais se désintéressaient des problèmes de fond de la politique, parce qu'ils ont émis un vote d'humeur contre leurs gouvernements et parce que le sujet se prêtait aussi peu que possible à une adoption par voie référendaire. De même une crise économique comme celle que nous connaissons peut donner lieu à tous les rejets. Mais l'intensité du débat conduit à d'autres inquiétudes. Nous assistons à un procès où les procureurs n'instruisent qu'à charge et où les avocats n'arrivent plus à se faire entendre. Que faudrait-il donc dire pour faire comprendre l'Europe ?

Il est étonnant d'entendre ceux qui disent défendre l'Europe demander un changement radical de ses règles, de sa politique, de l'organisation de ses pouvoirs, de la composition de ses institutions. Cette attitude très répandue repose sur des impulsions conjoncturelles et politiciennes en total décalage avec l'œuvre accomplie et surtout avec ce qu'il reste à faire et qui est entre les mains de tous les citoyens de l'Union.

Pour comprendre l'Union Européenne, il est nécessaire de penser en terme de futur. Penser vers l'avant ne va pas de soi pour les Européens. La longue odyssée de la construction de l'Europe – de l'âge d'or athénien et de l'Empire romain à la très récente Union Européenne – a suscité une immense littérature. Écrits passionnants sur ce petit morceau de la Terre exceptionnellement entreprenant, créatif, convulsif et belliqueux. Les Européens ont inventé l'histoire avec Thucydide, Hérodote, Tite-Live, Tacite... et depuis ils n'ont cessé d'être fascinés par elle, racontant leur propre histoire à coups de chroniques, de récits et de mémoires, médusés par un destin qui a toujours surpris et dépassé leurs attentes par ses désastres et ses grandeurs. Historiens nostalgiques, nous pensons qu'aujourd'hui n'est jamais aussi bien qu'hier et que le destin accompli sera toujours plus beau que l'histoire en train de se faire. Les Européens partagent avec quelques autres peuples le handicap d'avoir une grande histoire.

L'Europe avance ainsi vers son avenir, les yeux fixés sur son présent et son passé, sur ses avantages présents et sa grandeur passée. Cette confrontation est inégale entre d'un côté un passé idéalisé et un présent acceptable avec ses acquis concrets, et de l'autre un avenir inconnu. Le problème de l'Union est que ni son passé, ni son présent ne sont plus aujourd'hui si dramatiques dans les esprits, sauf dans les pays de l'Est, qu'il y ait un vrai désir de changer et de construire. Il n'en était pas ainsi dans l'immédiat après-guerre, ce qui a permis la naissance de la CECA, de la CEE et de l'Euratom.

Il est difficile de rêver de cet avenir européen, d'en regarder les perspectives exceptionnelles et les immenses opportunités. Notre vision de l'avenir de l'Union est un plutôt mélange de conservation des spécificités nationales, d'un minimum de rapprochements réglementaires et d'interdépendance économique. Ce cheminement idéal devrait nous conduire vers un monde où tout serait à la fois conservé et protégé. En un mot nous voudrions rester chacun chez soi, nous servir de l'Union pour préserver notre développement économique et social et faire prévaloir notre point de vue politique, sans créer, inventer ou partager pour faire émerger dans un monde en plein bouleversement une civilisation nouvelle qui serait la nôtre.

Cette vision, partagée par beaucoup d'États et de citoyens de l'Union, regarde l'avenir de notre société, de notre économie et de notre planète avec les schémas d'hier. Elle suppose de plus que l'on vit dans un monde national et international stable. Il n'en est rien. Nous ne parvenons pas à réaliser que nous sommes tous, dans notre conception, en retard d'une ou plusieurs étapes de l'histoire. Même les fondateurs de l'Union Européenne, en la déclarant prête à accueillir les pays européens, envisageaient un élargissement limité à l'Angleterre et à quelques pays du nord de l'Europe. Ils n'osaient pas imaginer que d'autres pays pourraient être intéressés à la rejoindre et à partager son destin. Surtout ils n'imaginaient pas que, si vite, les pays de l'Europe de l'Est seraient candidats à l'adhésion. Que l'Union Européenne atteigne bientôt les trente États membres est une évolution bouleversante sur le plan économique, institutionnel et politique, et cela en si peu d'années. Les trois dernières décennies ont vu la fin de l'empire soviétique, l'émergence des grandes économies de l'Asie, le déploiement mondial de la présence des États-Unis d'Amérique, la guerre des Balkans, les révolutions islamiques et la crise économique mondiale de 2008... La vision géopolitique de nos sociétés devrait s'en trouver bouleversée et la nécessité de l'Union renforcée.

Les pages qui suivent ne sont pas consacrées à une nouvelle histoire de l'Union Européenne. Beaucoup a déjà été dit, et très bien. Plus modestement, elles voudraient inviter chacun à penser le futur de la Communauté en cessant de se crisper sur les situations nationales acquises.

Une réflexion tournée vers l'avenir de l'Union en train de se faire, sur sa légitimité, ses finalités et ses modalités, sans a priori et sans fantasme, peut aider les choix des citoyens. Des décisions aussi lourdes que l'élargissement, la politique extérieure de l'Union, la réforme des institutions, l'aide aux pays en voie de développement, la gestion de la monnaie européenne ou de la crise économique mondiale, ne peuvent être prises sans regard sur les finalités de l'Union, les options qui s'offrent à elle et leurs conséquences. Réfléchir sur l'avenir peut permettre de progresser dans la construction européenne avec plus de détermination, dans la mesure où l'incertitude est la première cause de la frilosité et du refus.

Dans cette réflexion prospective, où fixer notre regard ? À cinq, dix ou cinquante ans ? Cinq ou dix ans ne nous aident pas beaucoup. Sur ces durées, nous sommes encore tributaires des adhérences économiques, culturelles et géopolitiques d'aujourd'hui. L'Union que nous sommes en train de faire est tellement plus bouleversante qu'il vaut mieux s'abstraire de la situation d'aujourd'hui pour tenter d'imaginer une culture, une économie, une présence dans le monde qui prendront leur consistance dans quarante ou cinquante ans, et dans un monde profondément changé par la démographie, l'économie et la politique.

Essayons donc d'imaginer, à la lumière du chemin parcouru, la structure politique, le fonctionnement de la démocratie, le développement économique, l'évolution des progrès sociaux, les frontières, une politique étrangère et surtout les missions de l'Union dans ce demi-siècle qui vient. Tous les choix sont aujourd'hui ouverts, libres et possibles.

II

SI L'UNION SE DÉFAISAIT ?

Parmi les destins possibles de l'Union Européenne, il serait malhonnête de ne pas évoquer sa disparition. L'Union, comme toute construction humaine, est fragile, et même plus que d'autres, car elle est récente, fondée sur le seul consensus de ses membres et totalement expérimentale dans ses procédures et ses institutions. Elle recèle en son sein – comme nous venons de le dire – des opposants plus ou moins radicaux qui n'ont jamais désarmé à son encontre, même s'ils participent à ses institutions, et qui, à aucun moment depuis cinquante ans, n'ont porté un jugement positif sur sa construction. Les souverainistes de droite ou de gauche, plus nuancés, s'associeraient quand même à une campagne de dissolution de la Communauté. Les citoyens qui ont voté non au référendum sur la Constitution sont probablement en majorité pour la poursuite de l'Union mais n'en sont pas moins un électorat sceptique et susceptible de rallier le camp du retrait. Les référendums hollandais et irlandais montrent que l'opinion française n'est pas isolée dans son scepticisme.

La dissolution de l'Union ferait beaucoup d'heureux à l'extérieur. Déjà, sa force de négociation, son autorité politique, son poids économique et monétaire croissant gênent bien des partenaires qui trouveraient, avec sa disparition, des opportunités dans tous les domaines. La balkanisation de l'Union serait une divine surprise économique et politique, à l'Ouest et à l'Est de la planète.

Le projet de constitution abandonné et le traité de Lisbonne adopté prévoient la possibilité de retrait d'un État membre. Le retrait de quelques

États membres importants entraînerait de fait une dissolution. Mais le retrait d'un seul État, de la France par exemple, est également possible, avec une Communauté qui continuerait à fonctionner à ses portes.

Dans ces hypothèses, les échanges commerciaux entre les anciens partenaires de l'Union n'en seraient pas immédiatement bouleversés (plus de 70 % de leurs échanges commerciaux se font entre États de l'Union Européenne). Les coopérations technologiques et industrielles se poursuivraient. Mais rien ne garantirait plus la continuité des coopérations, ni la loyauté de la concurrence, ni l'harmonisation des règles et des charges entre États membres. La capacité de négociation économique et de politique internationale de chacun des États membres, deviendrait celle de pays développés de 300 000 à 80 millions d'habitants, c'est-à-dire représentant quelques pour cent de la population mondiale. Quel peut être le poids de nos pays isolés dans les débats sur la protection des brevets, la libéralisation des services, la défense des intérêts culturels, les négociations sur le partage de l'énergie et des matières premières, la discipline monétaire et les règles prudentielles des institutions financières, la lutte contre les paradis fiscaux, le respect de l'environnement, sans parler de la protection des droits de l'homme et de la promotion de l'aide au développement ? Un tel retrait de l'Union signifierait que les pays de l'Union renonceraient à s'exprimer avec efficacité au niveau mondial sur tous ces sujets et qu'ils ne participeraient plus au concert des nations autrement que comme des acteurs de second rang, appuyant les thèses de l'un ou l'autre des grands. Au milieu des grands ensembles économiques, politiques et démographiques du monde de demain, leur capacité diplomatique et militaire serait insignifiante.

La fin de l'Union aurait d'autres conséquences encore plus dommageables pour ses membres que le déclin économique ou que l'absence de participation à la politique mondiale en tant qu'acteurs majeurs. Elle asphyxierait le processus long et difficile d'échanges intellectuels, scientifiques et politiques entre habitants des pays de l'Union, compromettant l'émergence d'une civilisation européenne. En renonçant à construire une Communauté, les Européens perdraient une grande part de leur motivation à s'ouvrir aux autres cultures de l'Europe et à créer cette nouvelle culture dont le monde à tant besoin.

La construction européenne a créé une formidable opportunité et même une nécessité de rencontrer ceux avec qui désormais nous partageons notre destin. Les vrais bénéficiaires des échanges dans la Communauté furent moins les entreprises, les capitaux ou les services, que les hommes de tous les pays de l'Union. Quel étudiant, quel homme politique, quel fonctionnaire, quel chef d'entreprise, quel syndicaliste, quel journaliste... n'a pas eu l'occasion de rencontrer de nombreuses fois ses homologues des autres pays de la Communauté dans des réunions officielles ou officieuses, qui lui ont permis de découvrir similitudes, différences et richesse de ses voisins. Cet apport-là est indispensable à la construction d'une société européenne mais surtout est essentiel pour la destinée de chacun de nous. En interrompant ce processus, la fin de l'Union serait une mutilation personnelle dont nous pouvons difficilement imaginer le traumatisme. Rien n'interdira les contacts par-dessus les frontières mais le cadre institutionnel aura disparu et les occasions de se rencontrer se raréfieront puisque les réunions n'auront plus de nécessité. Sans perspective communautaire, pourquoi poursuivre les programmes d'échanges culturels et universitaires au sein de l'Union ? Pourquoi organiser ces confrontations d'expérience dans les domaines sociaux, économiques, scientifiques, judiciaires, militaires... si ce n'est pour rechercher des réponses communes à des problèmes communs ? Organiser des rencontres demande beaucoup d'énergie et de moyens (frais de déplacement, locaux, interprètes) qui ne sont justifiés que si ces réunions ont un objectif opérationnel et s'il y a une institution pour les organiser. À ceux qui doutent de l'utilité de ces recherches d'échanges et d'harmonisations au niveau de l'Union, il faut rappeler que ce sont ces procédures qui nous ont permis de nous ouvrir sur le monde. Que deviendraient nos pays à nouveau confinés dans leurs affrontements économiques catégoriels, dans leurs luttes sociales ritualisées et les conflits personnels de leurs dirigeants politiques ? Quels horizons s'ouvriraient pour nos enfants ?

L'Union Européenne a sorti les pays qu'elle rassemblait de leurs blocages et leur a permis de surmonter, dans de nouveaux équilibres, les problèmes insolubles dans lesquels ils se débattaient. En France, au lendemain de la guerre, le Colbertisme régnait en maître ; beaucoup d'entreprises nationalisées, des monopoles publics foisonnants, une administration omniprésente, des visas pour aller à l'étranger, un contrôle des prix quasi-général, des frontières commerciales verrouillées par les contingents et les droits de douane, le contrôle des changes, un corporatisme professionnel organisé pour répondre au dirigisme administratif, constituaient la réalité économique du pays. L'Union Européenne a permis en douceur de mettre un terme à cette situation qui conduisait la France au désastre.

Si l'Union se dissout, où iront nos pays ? Certains seront tentés de retourner vers l'isolationnisme économique. L'ouverture au monde et la liberté d'entreprendre seront oubliés. Renaîtront le protectionnisme et la réglementation croissante de l'économie. Autant dire que les citoyens qui voudront créer, entreprendre, vivre au rythme du monde, partiront là où sera présente la liberté d'agir et de penser, là où existeront les promesses d'un avenir novateur.

III

DU DÉSASTRE À L'ESPÉRANCE

Après la guerre, les Européens rêvaient d'une renaissance de leurs pays avec leurs valeurs, leurs cultures, leurs économies et leurs institutions politiques, gelées pendant cinq ans par le deuxième conflit mondial.

Il n'y a pas eu de résurrection. En deux guerres mondiales, l'Europe avait si profondément détruit tout ce qu'elle était, qu'elle s'était retrouvée en 1945 dans un désert économique, politique et culturel. Les tentatives pathétiques pour faire croire que l'Europe avait encore une richesse et une puissance n'étaient qu'un jeu d'ombres, comparées à l'éclat de l'Europe d'avant 1914 et même à l'Europe d'entre les deux guerres.

L'Europe de la fin du XIXᵉ siècle et du premier tiers du XXᵉ siècle avait été à la fois la référence et le phare du monde. Tout se passait là. La terre entière s'y donnait rendez-vous. Là étaient la littérature, la musique, l'art et la science. Là étaient la force et l'autorité politique. La guerre de 1914-1918, immense défaite pour tous les belligérants, y compris les vainqueurs, n'avait pas encore détruit l'influence morale et politique de nos pays. La guerre de 1940 s'en est chargée, car défaites humiliantes et victoires odieuses n'ont laissé aux États européens, l'Angleterre mise à part, que très peu de capital d'estime et de confiance vis-à-vis d'eux-mêmes et dans le monde.

En 1945, le soleil était à l'Ouest avec les États-Unis, nimbés de tous les succès militaires, économiques et culturels. Il était aussi à l'Est, à Moscou, mais difficile d'accès et de ce fait mythique. C'était l'époque où la Californie, le Texas ou le Massachusetts étaient mieux connus des jeunes Européens que certaines composantes essentielles de leur continent telles que la Hongrie, la Tchécoslovaquie ou la Pologne, disparues dans les brouillards de l'Est.

L'Europe s'était suicidée et ne s'était pas ratée. Ses peuples errants, mendiants, morts de faim en témoignaient. L'anéantissement sans précédent de cet immense patrimoine culturel, économique et d'infrastructures laissait les nations européennes hébétées, totalement mobilisées sur leurs besoins primaires, comme des pays en voie de développement qu'elles étaient devenues.

Le seul pays qui n'était pas passé par l'humiliation et les destructions de la défaite était l'Angleterre. Elle avait en principe tout sauvé et au lendemain de la guerre, son bilan apparaissait triomphal. Mais déjà la livre sterling n'était plus la monnaie du monde, le Commonwealth s'était distendu et les marchés mondiaux avaient été perdus. L'Angleterre était, elle aussi, une vaincue de l'histoire, mais elle ne le savait pas. Ce statut de « vainqueur » lui aura rendu plus difficile la compréhension de la démarche de la communauté européenne, communauté de vaincus, et l'aura amenée à dire deux fois « non » à l'Europe alors qu'elle lui avait auparavant dit deux fois « oui ». Les « oui » avaient été en juin 1940 quand Churchill, sur la suggestion de Jean Monnet, avait proposé la fusion franco-anglaise qui ne fut pas prise en compte par la France de Pétain, et en 1946 quand Churchill encore avait suggéré à Zurich de créer les États-Unis d'Europe, tout en réservant pour l'Angleterre le choix d'y entrer. Les « non » ont été en 1951, quand la Grande-Bretagne a refusé de signer le traité de la Communauté du Charbon et de l'Acier à la rédaction duquel elle avait participé, et en 1957, quand elle a quitté la table de négociation du traité de Rome, persuadée que cette utopie ne verrait jamais le jour.

L'Europe de 1945 en ruine, ayant perdu sa personnalité, était devenue le champ de bataille des deux blocs. L'Est et l'Ouest s'y affrontaient avec d'autant plus de vigueur que la capacité de résistance de l'Europe était plus modeste. L'influence américaine était triomphante : présence militaire, littérature, musique, cinéma mais aussi économie, législation, management, diplomatie… L'U.R.S.S. tentait de jouer sa partition mais elle couvrait bien plus le champ militaire et politique que culturel et économique.

Dans ces années qui vont de 1945 à 1952 l'Europe oscillait entre deux destins si également dramatiques que l'on n'ose plus se souvenir qu'ils auraient pu être l'avenir de notre continent : l'alignement sur les États-Unis au point que certains prophètes disaient que nos pays feraient mieux de devenir de nouveaux États des États-Unis pour peser de l'intérieur sur la conduite des affaires du monde. L'autre destin était le basculement, imposé par la force, dans l'univers des démocraties populaires, destin subi par les pays d'Europe de l'Est mais qui avait été envisagé à l'Est, malgré Yalta, pour la Grèce, l'Italie et la France où existaient de très importants partis communistes.

C'est dans ce contexte, et avec l'appui des Américains qui voulaient reconstruire l'économie et la défense de l'Allemagne que fut posé en 1952, comme alternative, l'acte fondateur, bien modeste, du traité de la Communauté européenne du charbon et de l'acier : bien modeste par son champ de compétence – seulement le charbon et l'acier – et modeste aussi par les ambitions affichées : la réconciliation et la coopération des anciens belligérants, tous les pays étant invités à s'y joindre. Très vite d'ailleurs le charbon et l'acier perdirent leur importance stratégique.

Mais comme l'avaient voulu Jean Monnet et Robert Schumann, deux expériences majeures avaient été ainsi engagées. La première était qu'une vraie intégration d'un secteur économique entre six pays soit tentée, qu'elle soit possible et même facile et bénéfique pour tous. La seconde consistait à sortir pour la première fois de la négociation intergouvernementale pour gérer de manière fédérale des questions économiques.

La combinaison de quatre institutions pour piloter le premier domaine « communautaire » était une innovation absolue : une Assemblée consultative, un Conseil des ministres décidant dans certains cas à la majorité, une Haute Autorité indépendante proposant ses décisions au Conseil des ministres mais pouvant aussi en prendre elle-même, enfin une Cour de justice, arbitre en dernière instance de tous les litiges relevant de l'application du traité (États et opérateurs privés).

Lourde machine pour gérer un seul secteur. Mais limitée dans son objet, la CECA portait en elle la dynamique de la construction européenne dont elle était le prototype. La tentative de l'appliquer à la défense en 1955 (Communauté Européenne de Défense) fut un échec, dû sans doute au fait que l'initiative était prématurée dans un secteur aussi sensible, mais dès 1957 était décidé entre les six d'étendre l'expérience à un nouveau secteur stratégique (Euratom) en même temps qu'à toute l'économie (Communauté Économique Européenne), dans le prolongement de la coopération européenne initiée par le plan Marshall.

Non seulement les six États fondateurs ont eu le courage d'adopter ces traités de réconciliation, mais ils ont eu la constance et la force d'esprit de les faire vivre et grandir. Les traités européens n'ont pas créé une culture, des valeurs, une vision politique, bref, une civilisation. Mais ils les ont rendus possibles. Nous, citoyens européens du XXIe siècle, avons la chance de pouvoir la créer.

Ce que nous faisons, personne ne l'a fait et on ne peut invoquer d'anté-cédents pertinents pour prévoir un avenir si neuf, tant cette construction dépend non du déterminisme de l'histoire mais de la volonté des hommes. Qualifier la construction européenne actuelle de technocratique, libérale, socialiste ou atlantique n'a pas de sens, car c'est tenter d'appliquer à une aventure radicalement originale le regard et les mots d'hier. Le destin de l'Union n'est pas écrit. Il commence.

La seule réponse que l'on peut donner aujourd'hui est qu'il s'agit de bâtir une Communauté nouvelle, dont le projet est d'apporter à chacun la paix, plus de dignité, plus de richesse spirituelle et plus de bien-être matériel.

Demander aux Européens quelle communauté ils sont en train de bâtir serait comme demander aux pionniers de la conquête de l'Ouest quelle Amérique ils étaient en train de construire. Le rêve américain était la construction d'un continent libre et prospère, où chacun pouvait enfin trouver un destin positif. L'Union Européenne ressemble aujourd'hui à cette conquête. L'Union est notre conquête de l'Ouest, mais elle n'est ni géographique, ni principalement matérielle. Elle est politique, culturelle et spirituelle.

Ce qui est étrange avec la construction européenne est que nous sommes engagés dans une œuvre immense, digne des plus grands paris de l'humanité, mais que nous ne le comprenons pas. Nous sommes comme ces pionniers américains dont nous venons de parler qui regretteraient la pauvreté de leurs petites maisons laissées en Europe.

Plusieurs centaines de millions d'Européens vivent une extraordinaire aventure mais ils n'y croient pas et, s'ils en parlent, c'est pour la critiquer et regretter le confinement national qu'ils parent de toutes les vertus.

Encore une fois, pourquoi cela ? Défaut d'information et de communication de la part des responsables ? Désintérêt des citoyens pour un projet si vaste et si lointain ? Ruade de l'opinion contre un projet dont elle a beaucoup entendu parler et qui vient trop lentement ? Peut-être aussi est-ce une constante que les hommes, obnubilés par leurs problèmes quotidiens, ne savent pas qu'ils participent aux moments exceptionnels de l'histoire, surtout si ceux-ci ne sont pas tragiques mais porteurs d'avenir, par exemple le siècle de Périclès, la Rome d'Auguste, l'âge d'or de Charlemagne ou la Renaissance italienne. Ce sont hélas des passions moins légitimes qui ont enflammé nos pays, leur laissant le sentiment exaltant de construire un monde nouveau mais tragique et sans lendemain : l'épopée napoléonienne, la révolution russe, le fascisme et le nazisme.

Les citoyens de la Communauté, et notamment les jeunes, ne mesurent pas le prix de pouvoir vivre dans une société débarrassée d'une mémoire mortifère, ouverte sur toutes les espérances possibles, même si chaque jour comporte sa dose de problèmes difficiles, qu'ils soient sociaux, économiques et politiques. Fiers de ce qu'ils ont fait, car ils l'ont fait avec beaucoup de courage, les Européens devraient être optimistes devant les incroyables opportunités qui s'offrent maintenant à eux et qu'ils n'avaient encore jamais connues dans le passé. Ils devraient être confiants dans leur propre destin, car ils ont su prendre des décisions très audacieuses dont aucun groupe de pays n'avait jusqu'à présent été capable : créer une nouvelle citoyenneté qui s'ajoute aux citoyennetés nationales, mettre ensemble leurs destins, leurs cultures, leurs monnaies, leurs marchés, sans doute demain leurs diplomaties et leurs armées, et cela de manière volontaire et pacifique.

Alors que les citoyens de la Communauté doutent, autour d'eux les pays se pressent pour rejoindre la Communauté à cause de son extraordinaire réussite et d'un avenir qui s'annonce exceptionnel. A-t-on vu dans le passé des nations insister jusqu'à se révolter pour se fondre dans une

Communauté dont ils n'étaient pas membres fondateurs, et se choisir un nouveau destin, différent de celui qui aurait été le leur, s'ils étaient restés indépendants ? Cette volonté des pays limitrophes d'entrer dans la Communauté, les responsables de tous les empires du monde en auraient rêvé. Mais les empires se sont faits par la violence et les armes. Les unités allemandes et italiennes n'ont pas été exemptes de combats, de vainqueurs et de vaincus. Les États-Unis d'Amérique ont conquis par les armes leurs États du sud-ouest, puis ont connu une rude guerre de sécession. L'empire russe n'a été qu'une longue série de conquêtes militaires.

La Communauté européenne, par sa modestie politique, son pragmatisme économique, la transparence de sa démarche, les objectifs affichés, a inversé le processus habituel de constitution des grands ensembles, créant un nouveau et extraordinaire modèle politique. Telle fut l'idée prophétique de Jean Monnet et de Robert Schumann, appuyée par des hommes de grande envergure, Adenauer, Spaak, de Gasperi…

Le plus étonnant est l'intuition de ces hommes qui, contrairement à toutes les pratiques de l'histoire, ont osé tendre la main aux vaincus qui avaient été leurs agresseurs et leur rendre la légitimité et la dignité qu'ils avaient perdues par leur agression. Les initiateurs de l'Union eurpoéenne, instruits par les suites du Traité de Versailles, ont ainsi pratiqué un pardon fondateur sur lequel repose toute l'aventure européenne.

IV

L'UNION PEUT-ELLE
CRÉER UNE CIVILISATION NOUVELLE ?

La question est si centrale que la réponse sous-tend la légitimité de la création de l'Union et de son achèvement. S'il n'y a pas, au bout du processus, la volonté de faire émerger la civilisation dans laquelle nous voulons vivre, pourquoi tous ces efforts ? Il suffit d'en rester à la dimension économique qui nous permet d'affronter la mondialisation par l'organisation d'un marché commun. Pour le reste, chacun demeurera dans ses schémas nationaux et traditionnels. Il n'y aura pas d'aventures scientifique, culturelle ou politique communes.

Tout ce qui est fait aujourd'hui dans ces domaines n'est justifié que par l'ambition d'une véritable civilisation commune et n'est possible qu'organisé par des institutions communautaires. Si cette finalité n'est plus voulue, l'expérience montre qu'il n'y aura plus que des coopérations bi ou multilatérales à négocier chaque fois au coup par coup et fragiles de ce fait, bref, rien de plus que ce qui existe entre États voisins et amis pour mener à bien un projet spécifique.

Ce débat est récurrent. Il était au cœur de la controverse autour du projet de Constitution. Il colore les prises de position sur le traité de Lisbonne. Ce refus d'une vision « fédérante » est le dénominateur commun des tenants du non au référendum, que ce soient les adversaires permanents de la Communauté par hostilité à la libre entreprise et à la démocratie de type occidental, que ce soient les souverainistes ou les eurosceptiques qui n'ont pas envie de prendre le pari d'une civilisation européenne.

Mais quelle vision « fédérante » ? Une civilisation est un composé complexe de cultures, de normes et de valeurs, éclairé par la vision d'un destin commun. Trouve-t-on dans l'Union d'aujourd'hui ces composantes qui nous permettent d'espérer une civilisation commune ? Peut-on discerner des traits communs entre des civilisations aussi diverses que celles de Scandinavie, de Sicile, de Grèce ou de Hongrie ?

Nos peuples européens, si différents en apparence, ont tous vécu, durant de longs moments de leur histoire, des aventures communes, des royautés partagées, des alliances de peuples et des mélanges de culture. Chacun est allé chez le voisin pour l'aider ou le combattre. Les apports grecs ou romains furent évidemment fondateurs. Les grandes invasions ont détruit mais aussi véhiculé un patrimoine commun qui est une composante de notre culture. Les Vikings devenus normands, de la Scandinavie à la Sicile, de l'Angleterre à l'Italie du Sud, de la Russie à la Grèce, ont apporté culture et civilisation après avoir été envahisseurs et pillards. Mais le socle commun est sans doute l'immense œuvre bénédictine qui s'est étendue sur la totalité de l'Europe. Le mysticisme orthodoxe s'en est distingué en la prolongeant. Le protestantisme, en combattant le catholicisme, a consolidé le christianisme, même si ce schisme fut aussi douloureux que celui de Byzance. Ces flux et reflux de l'histoire ont laissé un fond commun qui appartient à tous les États Européens. Certes l'histoire, qui a réuni, a aussi séparé, favorisant une multiplicité de langues, de traditions et de religions. Malgré ces diversités, la proximité de culture demeure plus forte entre citoyens européens qu'entre eux et les populations des États non européens, ces États fussent-ils alliés et amis. La fin du rideau de fer a permis la réunion des deux parties d'un même ensemble, séparées par la force mais qui n'avaient jamais oublié, surtout à l'Est, qu'elles étaient une même civilisation.

Ainsi nos civilisations sont à la fois celtes, greques, romaines, germaines, vandales, normandes, slaves, arabes, cisterciennes, orthodoxes, protestantes, juives et bien autre chose encore. Et cette appartenance n'est pas seulement biologique mais culturelle et spirituelle, appartenance qui est notre patrimoine commun. Nous partageons ensemble une histoire compliquée qui est une formidable richesse. Chacun connaît le désert culturel des pays neufs qui n'ont pas d'histoire. Nous devons nous réapproprier notre histoire car les fractures politiques nous ont amputés de pans entiers de ce patrimoine. Les conflits si nombreux en Europe ont évidemment exacerbé les différences et détruit les convergences. Notre surabondance d'histoire doit nous réjouir maintenant que l'Union nous a permis de ne plus être parti dans aucun conflit européen et que nous pouvons redécouvrir ces adversaires redevenus des concitoyens. Redécouverte mutuelle des Allemands et des Français, des Français et des Italiens (qui déclaraient la guerre à la France il y a soixante-quatorze ans !), redécouverte de la formidable vitalité des Portugais et des Espagnols qu'isolait la dictature jusqu'en 1974 et 1977, redécouverte à partir de 1980 des pays de l'Est dont la culture nous est beaucoup plus proche que différente... Constatation surprenante : les pays de l'Est se sont intégrés sans difficulté dans la Communauté parce que l'Europe n'avait jamais cessé d'être leur famille. Polonais, Lithuaniens ou Tchèques donnent parfois des leçons de comportement communautaire aux membres fondateurs de la Communauté, tant l'appartenance culturelle à cet ensemble communautaire va de soi pour eux. À nous de redécouvrir et de nous réapproprier ces immenses richesses culturelles de l'Union. Nos historiens vont enfin pouvoir écrire l'histoire de l'Europe, non pas l'histoire de ses batailles et de ses dominations mais celle de ses aventures scientifiques, culturelles et spirituelles.

La circulation des idées et des élites intellectuelles était la richesse de l'Europe, du Moyen-Âge au XIXᵉ siècle. La science et les idées n'avaient d'autre patrie que l'Europe tout entière. Aujourd'hui les coopérations culturelles et scientifiques dans l'Union sont modestes en comparaison de ce qu'étaient les échanges avant la Première Guerre mondiale. Recréer une communauté culturelle serait un retour à cette Europe du début du XXᵉ siècle qui dominait le monde par la force de sa pensée, de ses sciences et de ses arts. Entre les vingt-huit États membres d'aujourd'hui, plus de trente demain, beaucoup reste à faire en matière de synergie et d'échanges. Échange de professeurs et d'étudiants, laboratoires communs, création de nouvelles universités, financement communautaire des grands projets scientifiques sont un champ illimité pour l'Union. Le niveau scientifique de ses étudiants, la qualité et le nombre de ses enseignants et de ses chercheurs, sa capacité de mobilisation de moyens financiers sur trente pays devraient lui permettre de participer à la vie scientifique et culturelle mondiale à parité avec les plus grands mais selon ses choix, ses méthodes et sa déontologie.

Si la culture est la composante première d'une civilisation, celle-ci ne peut survivre sans normes et sans valeurs. Une civilisation doit s'accompagner de règles qui sont le lien entre les citoyens et leur cadre de vie commun. Ces normes varient d'une civilisation à l'autre et peuvent les conduire à des différences radicales. L'Union a-t-elle hérité de normes communes à ses États membres, a-t-elle secrété des normes qui permettent de parler d'une civilisation en création ? La réponse est positive. Les normes dans les pays de l'Union sont souvent communes dans leurs objectifs, si elles ne le sont pas dans leur écriture et leur mode de gestion. Chacun connaît les divergences entre droit romain et droit anglo-saxon. Mais grâce soit rendue au siècle des lumières, ces divergences ne portent plus sur les objectifs essentiels : liberté de pensée et d'expression, protection des personnes et de leurs droits, procédures judiciaires équitables, sauvegarde des libertés politiques, droit de propriété... En cinquante ans, les institutions européennes au premier rang desquelles la Cour de justice européenne de Luxembourg et la Cour européenne des droits de l'homme de Strasbourg ont confirmé et complété ce corpus commun qui s'impose maintenant à toute institution, tout État, toute entreprise et tout citoyen de l'Union. On pouvait hésiter, il y a encore quelques années, pour savoir si l'un ou l'autre pays européen vivait réellement dans un état de droit. Aujourd'hui, le doute n'est plus possible en ce qui concerne les membres de l'Union. L'Union repose sur le droit, elle est un des rares ensembles du monde où il en est ainsi. La Communauté dispose de règles claires et appliquées, qui sont la condition de son existence et de son développement, et cela est un signe éminent de civilisation commune et le gage de la durée de celle-ci. Si nous n'avons pas atteint le degré de judiciarisation des États-Unis (faut-il le souhaiter ?), nous sommes parvenus dans la Communauté et les États membres à un degré de sophistication juridique impensable il y a trente ans, qu'il s'agisse du droit social, du droit financier, du droit de la concurrence, du droit de la consommation... Et ces progrès, nous les devons pour une large part à l'Union.

Les normes n'ont de sens que si elles sont l'expression de valeurs. Ces valeurs européennes communes qui permettent elles aussi de parler de civilisation européenne existent-elles ? Beaucoup de nos valeurs sont partagées avec d'autres nations du monde et ne définissent pas une civilisation spécifique. Chacun pense ici aux droits de l'homme, aux libertés fondamentales, au droit de propriété, évoqués plus haut. Mais entre les autres nations et l'Union, il y a des différences de valeur qui justifient que l'on évoque une spécificité de la civilisation européenne. Citons le respect de la diversité, le besoin de solidarité et la primauté de la qualité de la vie. Demain, au gré des évolutions de l'histoire, d'autres valeurs viendront les compléter.

Encore plus que d'autres ensembles, États-Unis d'Amérique ou même Chine, l'Europe est une mosaïque de sous-ensembles radicalement divers, sans ethnie, civilisation ou langage dominants, dont on a souvent regretté la balkanisation, mais que l'on peut considérer aujourd'hui comme une richesse aussi précieuse que la biodiversité. L'Union protège cette diversité, investissant des montants considérables dans des politiques structurelles et régionales dont l'objet est de préserver les spécificités au sein de la Communauté. Modeste exemple : dans le fonctionnement des institutions, l'Union dépense beaucoup d'argent et de patience dans l'interprétation et la traduction pour permettre à chacun de s'exprimer dans sa langue dans les instances communautaires. Le principe de subsidiarité, affirmé dans le traité sur l'Union Européenne, détaillé dans le protocole d'Amsterdam, et confirmé dans le traité de Lisbonne, devrait donner à la diversité de nouveaux moyens de s'exprimer. L'idée fondatrice de l'Union est bien que chaque pays doive à la fois se sentir protégé dans sa spécificité et libre de participer avec ses propres conceptions à l'œuvre commune, ce qui est novateur dans l'histoire des civilisations.

Autre valeur incontournable de l'Union : la solidarité. Les États de l'Union ont tous créé ces liens de solidarité entre forts et faibles, riches et pauvres, jeunes et vieux, actifs et chômeurs, bien portants et malades. Les dates de mise en œuvre de ces politiques, leur objet, leur intensité ont varié d'un pays à l'autre. Mais qu'ils aient été pionniers ou imitateurs, tous les États européens ont fait de la solidarité leur credo, conformément à leur conception de la dignité de l'homme. L'Allemagne montrera la voie dans la seconde moitié du XIXe siècle avec les lois sociales de Bismarck, l'Angleterre et les pays scandinaves suivront dans la première décennie du XXe siècle. La France instituera un système complet dans l'immédiat après-guerre, en 1945. Mais dès le début du XIXe siècle on assiste en Europe à la mise en place progressive de toute une série d'instruments et de réseaux, allant de solutions mutualistes et associatives à des systèmes publics, afin de ne laisser aucune détresse sans secours. Ces initiatives seront les esquisses de la sécurité sociale. L'Europe se caractérise aujourd'hui par ses transferts sociaux. C'est là son honneur quand ces efforts, lorsqu'ils ne détruisent pas les équilibres économiques, servent à créer cette solidarité qui marque l'appartenance de chacun à la collectivité des hommes. Sauf dans les sociétés primitives, jamais cette pulsion vers la solidarité n'a été aussi forte qu'en Europe aujourd'hui. D'Europe également sont parties les initiatives de solidarité internationale, partout présentes dans le monde : Croix-Rouge, Médecins sans frontière, Médecins du monde, Pharmaciens sans frontière… qui correspondent à une empathie pour l'autre et la volonté de l'aider concrètement.

Un troisième ensemble de valeurs caractérise aussi l'Union : il s'agit d'une conception de la qualité de vie où la priorité est donnée à la convivialité, l'art de vivre, l'écologie et la culture, par rapport à la richesse et la possession matérielle. Les Européens ne sont pas plus vertueux que les autres nations mais leur histoire, leur patrimoine et leur culture leur permettent d'apprécier ce qui leur a été légué au fil des siècles : arts et littérature, philosophie et débats d'idées, beauté des lieux et des monuments, art de vivre, convivialité familiale et amicale, respect et protection de l'environnement… Beaucoup de pays accordent une grande importance à ces mêmes choses. Mais ce qui est particulier aux Européens est le prix qu'ils payent pour les conserver et en profiter. Plus de loisirs, moins de temps de travail, moins de revenus, moins d'intérêt pour la gestion financière, moins d'énergie consacrée à « faire fortune ». Les Européens ambitionnent d'avoir assez d'argent pour atteindre la qualité de vie dont ils rêvent mais qui n'est pas faite seulement d'accumulation de biens matériels. La notion de fortune ne leur est pas spontanée. Si l'on considère le classement des grandes fortunes du monde, l'Europe est mal placée. Mais les pays de l'Union Européenne consacrent à la culture, à la défense de l'environnement, à la protection et à l'enrichissement du patrimoine plus de moyens que les autres États du monde et c'est probablement un des traits de la civilisation de notre continent qui renoue ainsi avec un passé que deux guerres mondiales l'avaient obligé à mettre entre parenthèses.

Culture, normes et valeurs sont les conditions de l'émergence d'une civilisation commune. Elles ne sont pas cette civilisation mais la rendent possible. Elles empêchent d'autres cultures, valeurs et normes, étrangères à l'essence de notre civilisation, de submerger ce qui fait la spécificité de celle-ci.

S'il fallait imaginer ce que serait une civilisation européenne nouvelle, on pourrait songer à une dématérialisation croissante de notre société rendue possible par les nouvelles technologies de communication, d'information et de stockage des données, technologies dont la seule limite est la capacité des hommes à les utiliser. Peu à peu notre société devrait se détourner de cette accumulation de biens matériels dans laquelle elle s'était engagée et qui la conduirait à une impasse ingérable. L'Europe a la malédiction ou la chance d'être peu pourvue en matières premières importantes : métaux, pétrole, gaz. Seule son agriculture lui apporte les flux nécessaires – et au-delà – à sa subsistance. Surtout l'Union Européenne manque de ces espaces permettant aux sociétés industrielles de négliger les effets négatifs sur leur environnement. Cela veut dire qu'elle doit substituer le qualitatif au quantitatif et le spirituel au matériel. Cette évolution ne fait que prolonger ce glissement d'une société rurale et industrielle vers la civilisation immatérielle que connaît notre continent.

Ces valeurs communes de respect de la diversité, de solidarité et de recherche de la qualité de vie, la construction de l'Union Européenne les renforce par l'échange : échanges entre les cultures si diverses de nos pays mais aussi entre les normes et les valeurs, échanges déjà commencés et qui ont beaucoup apporté à chacun. L'Union est un laboratoire d'échanges, un multiplicateur de richesses intellectuelles et de progrès où la rencontre entre cultures n'est pas seulement possible mais inscrite dans la dynamique communautaire.

V

UNION EUROPÉENNE ET DÉMOCRATIE DE DEMAIN

L'Union est à la fois la mère et la fille de la démocratie. C'est l'Europe qui, la première, l'a expérimentée à l'échelle de la cité avec la démocratie athénienne du Vᵉ siècle avant Jésus-Christ, répétée ensuite dans quelques autres cités grecques. Courte expérience (quelques décennies) mais décisive par la référence qu'elle a constituée ensuite pour tous les philosophes et les hommes politiques. La Suisse au Moyen-Âge a réinventé la démocratie directe, c'est-à-dire le vote des lois directement par les citoyens, comme à Athènes ; la modeste dimension des cantons suisses le permettait. La démocratie représentative a trouvé sa forme quasi définitive dans l'Angleterre du XVIIIᵉ siècle et s'est progressivement répandue aux États-Unis puis dans la plupart des pays de l'Union Européenne au cours du XIXᵉ siècle.

Si l'Europe a inventé la première démocratie, la démocratie a fait l'Europe et lui a apporté une grande part de ce qu'elle est. Dans *Pourquoi la Grèce*[1], Jacqueline de Romilly montre comment l'émergence exceptionnelle de l'histoire, du théâtre, de la philosophie, de l'éloquence politique et des sciences du siècle de Périclès a été rendue possible par une démocratie qui a donné aux citoyens la liberté de s'exprimer et l'envie de créer.

----

2. de Fallois - 1992

Par la suite en Europe, les plus grands développements économiques, scientifiques et culturels se sont produits dans les pays les plus démocratiques, où l'éducation, la liberté de la presse et le droit à la critique ont existé, permettant la diffusion des idées et des connaissances, la multiplication des acteurs et le courage de l'innovation. Le XIXe et le début du XXe siècle, période où la démocratie s'est installée à peu près partout en Europe occidentale, ont été le véritable âge d'or pour les sciences, les lettres et les arts, bref, pour la civilisation de notre continent.

Aujourd'hui la démocratie est le lien le plus fort entre pays de l'Union. Elle est la première condition pour y adhérer. La Cour de justice européenne de Luxembourg et la Cour Européenne des droits de l'homme de Strasbourg veillent jalousement à son respect. Pour obtenir cette démocratie, les citoyens de chaque État membre ont payé un prix élevé. Ils ont fait une ou plusieurs révolutions avec leurs cortèges de morts, d'exils et de souffrances pour la créer ou la restaurer. Plus qu'aucun autre ensemble politique, l'Europe a connu le coût de la dictature. Contre ces expériences folles de destruction de la démocratie que l'Europe a osée au XXe siècle, l'Union est aujourd'hui le meilleur rempart.

La Grèce des colonels n'a pas pu entrer dans la Communauté : l'accord d'association signé en 1961 a été immédiatement suspendu par les États membres après le coup d'État. L'Espagne et le Portugal ont dû consolider leurs démocraties pour pouvoir demander l'adhésion. Avant d'entrer dans l'Union, les pays d'Europe de l'Est ont été conduits à faire l'apprentissage d'une démocratie oubliée depuis plus de soixante ans.

Le consensus sur le concept de démocratie est général entre Européens. Mais la démocratie n'est pas vécue de la même manière dans tous les États de l'Union. Il y coexiste des monarchies plus démocratiques que les républiques et des républiques très monarchiques. La démocratie devrait se décliner dans toutes les institutions concernant la vie collective. Elle devrait être largement consultative et participative pour les décisions publiques qui intéressent la vie de chacun, l'opposition étant traitée sur le même plan que la majorité, puisqu'il n'y a pas deux catégories de citoyens. La démocratie est autant et plus une pratique qu'une règle constitutionnelle. L'Europe du Sud a beaucoup à apprendre de l'Europe du Nord sur ce point. Dans bien des pays, dont la France, la concertation avec les adversaires mais aussi avec les amis est souvent oubliée. Rares sont les cas où une proposition de l'adversaire est examinée et retenue par la majorité, même si cette proposition est excellente. Ce défaut de concertation se répète à tous les niveaux de la vie politique : parlement, région et département, commune, quartier.

La même observation vaut pour le monde économique où le dialogue social qui est une des formes de la démocratie est plus un combat qu'un échange. Peut-on parler de pratiques démocratiques lorsque chacune des parties souhaite l'anéantissement aussi long et définitif que possible de l'autre par toutes les voies légalement permises ? Où est ce respect de l'autre qui est l'âme de la démocratie ? En France la bipolarisation entraînée par le régime présidentiel explique en partie la rudesse des dialogues. D'autres pays « bipolaires » connaissent cependant le dialogue démocratique. La Grande-Bretagne, avec le statut accordé à l'opposition, en est le premier exemple. En Allemagne, sur quelques sujets peu nombreux mais vitaux pour l'avenir du pays tels que les retraites, majorité et opposition tentent de se mettre d'accord au préalable pour convenir qu'il n'y aura pas de combat partisan sur ces points et que le consensus sera recherché jusqu'au bout.

Les pays de l'Union peuvent beaucoup apprendre les uns des autres. Comme dans d'autres domaines, l'exercice de la démocratie se prête à des échanges d'expérience au sein de l'Union où, par contagion, l'exemple des meilleures pratiques gagne de proche en proche tous les pays. Le Parlement Européen est le premier lieu où s'exerce cette contagion. La découverte des partenaires, la courtoisie due à des collègues communautaires, l'absence des querelles historiques ouvrent un champ nouveau à la tolérance et au respect de l'autre.

Il est de bon ton de répéter que la démocratie reste à inventer dans les institutions de l'Union Européenne et que la gouvernance de celle-ci est abandonnée à des technocrates – au premier rang desquels les membres de la Commission – désignés on ne sait comment et qui ne doivent de comptes à personne. Cette vision est contraire à la réalité. Les procédures communautaires sont autant et parfois plus démocratiques que celles qui règlent le fonctionnement institutionnel des États membres.

Pour préparer ses propositions, sources obligées des décisions communautaires, la Commission qui incarne l'intérêt général s'entoure de nombreux avis : les milieux concernés par les propositions, les États membres, le Comité Économique et Social et éventuellement le Comité des régions.

Les consultations des milieux concernés sont systématiques et les interlocuteurs de la Commission se sont organisés à Bruxelles pour pouvoir y répondre. Consulter officiellement les associations familiales, les régions, les syndicats, les associations de consommateurs, les organisations professionnelles, les pays tiers, les églises… contribue de manière essentielle à la démocratie, car les informations qu'ils transmettent sont nécessaires pour la formulation d'une bonne proposition. Que diraient les adversaires de telles consultations, jugées parfois comme la porte ouverte aux groupes de pression, si, sur une proposition de la Commission concernant la régulation des importations textiles, les avis des syndicats, des consommateurs, des fabricants, des importateurs et des pays tiers n'avaient pas été recueillis ?

La Commission consulte ensuite les États membres, généralement par le canal de Comités spécialisés, composés des fonctionnaires les plus avertis de leurs administrations qui consultent eux-mêmes, s'ils le jugent utile, les milieux nationaux concernés.

Après quoi, commence la procédure d'adoption par navette entre le Conseil et le Parlement. Dans le Conseil composé des ministres des États membres, les votes sont affectés d'un coefficient de pondération en fonction de l'importance de la population de chaque État. En outre, les majorités du Conseil varient selon l'importance et la nature des questions en débat. L'unanimité est rarement requise. Elle subsiste cependant dans quelques domaines comme les questions fiscales, les questions sociales ou les accords internationaux.

Il a aussi été de bon ton en France de considérer le rôle du Parlement Européen comme secondaire, tout au plus un lieu d'exil doré pour person-nalités politiques en difficulté ou dont les partis ont voulu se débarrasser. L'absentéisme s'y est beaucoup pratiqué. Mais le Parlement Européen est devenu un des lieux de pouvoir essentiel de l'Union. Il est l'endroit, plus même que le Conseil, où se forge entre opinions publiques la vision commune de l'Union. Et ce Parlement, composé de députés élus au suffrage universel direct, est parfaitement démocratique. Il travaille essentiellement par examen en commissions, lesquelles procèdent très largement à l'audition de personnalités et d'experts.

L'adoption des textes se fait ensuite par consensus entre le Parlement et le Conseil, le Conseil ayant le dernier mot en cas de désaccord. Si le Conseil s'écarte de la position du Parlement, il peut décider à la majorité à condition d'avoir une proposition en son sens de la Commission. S'il décide sans tenir compte de la position du Parlement et de la Commission, il doit se prononcer à l'unanimité.

Dans cette longue procédure, tout citoyen, toute organisation syndicale, toute association peut s'exprimer par l'un ou l'autre canal. Existe-t-il au niveau national autant de possibilités de faire valoir son point de vue sur l'adoption d'une mesure législative ? L'adoption d'une réglementation européenne à la sauvette est impossible. Le processus est long, mobilise beaucoup d'intervenants nationaux et communautaires et se déroule dans une publicité assurée par le Journal Officiel des Communautés. Aucun « coup d'État » d'une institution contre une autre n'est possible. Le Parlement ne peut contraindre le Conseil et la Commission, pas plus que la Commission ne peut contraindre le Parlement et le Conseil. Le dernier mot appartient certes au Conseil, mais à l'unanimité, c'est-à-dire dans des conditions difficiles à réunir, s'il y a un vrai débat entre États membres.

Ce mode de décision est plus équitable que le système américain dans la mesure où, dans le Conseil, chaque ministre dispose d'un nombre de voix en rapport avec la population de l'État membre qu'il représente. Aux États-Unis, chaque État dispose de deux Sénateurs, c'est-à-dire de deux voix au sein du Sénat. Le même système en Europe conduirait à donner dans le Conseil le même nombre de voix à l'Allemagne et au Luxembourg.

La responsabilité de la Commission devant le Parlement est une composante capitale de la démocratie. Le Conseil nomme, mais le Parlement investit et renverse la Commission, et il l'a déjà fait. Il peut à tout moment auditionner les commissaires et leurs fonctionnaires. Il dispose du droit d'investigation le plus étendu.

Le traité de Lisbonne, qui a remplacé le projet de Constitution, permet aux citoyens de l'Union de disposer d'un droit de pétition au Parlement et à la Commission (un million de signatures). Il crée un médiateur européen, élu par le Parlement, pour les actes de l'Union et prévoit la publicité des séances du Conseil des ministres lorsque celui-ci prend un acte législatif, ainsi que le droit d'accès aux documents de toutes les institutions de l'Union.

Le système judiciaire est l'ultime garant du fonctionnement de la démocratie dans l'Union. Discrète et méconnue, la Cour de justice de Luxembourg prend des décisions essentielles. En bien des occasions, elle a sauvé l'Union des dérives qui auraient pu naître des faiblesses, erreurs ou abus de pouvoir des institutions de la Communauté et des États membres. Gardienne des traités, la Cour est l'arbitre ultime entre le communautaire et le national, entre institutions communautaires, États membres, entreprises et citoyens. Elle a veillé au respect des droits des citoyens et des États comme à l'équilibre des institutions. La qualité de ses décisions lui a conféré une autorité que nul ne conteste, ses jugements ayant toujours été respectés par tous malgré l'absence de moyens communautaires de coercition. Devant ce bilan, peut-on parler d'un gouvernement des juges dans la Communauté, comme on en parle à propos de la Cour suprême des États-Unis d'Amérique ? La sagesse des décisions de la Cour européenne comme celle des saisines des États et des Institutions communautaires ne l'ont pas conduite, et elle ne le voulait pas, à se substituer à un pouvoir législatif ou exécutif communautaire défaillant pour prendre à leur place les décisions sur lesquelles buttaient ces institutions. Dans les turbulences politiques et institutionnelles récurrentes de la Communauté, la Cour rappelle sans cesse les principes, les règles et les procédures de l'Union en train de se construire.

État de droit, institutions communautaires ouvertes sur la société européenne, procédures de décision transparentes et protectrices des droits de chacun, la démocratie se construit à l'échelle de l'Union. Les peuples qui la composent doivent mieux se connaître. Les députés européens restent prisonniers des clivages nationaux et n'ont pas encore trouvé les communautés d'intérêts définissant de véritables partis politiques européens dont l'Union a besoin. Travaillistes anglais et socialistes français sont-ils réellement solidaires au sein du Parti Socialiste Européen, ou députés de l'UMP et Conservateurs britanniques au sein du Parti Populaire Européen ? Peut-être les démocrates chrétiens des différents États, liés par une longue histoire européenne, ont-ils une complicité plus grande, née de combats communs ? Les programmes présentés par les candidats à la députation européenne sont beaucoup plus le reflet de leurs préoccupations nationales que de propositions élaborées à Strasbourg, au sein de leurs formations politiques et axées au premier chef sur les problèmes de l'Union. Dans les débats nationaux sur le projet de constitution, le Parlement Européen a été peu présent alors qu'il en était corédacteur. Le Parlement Européen n'est pas encore « monté en puissance », et s'il a affronté avec succès le Conseil sur des projets de directive ou sur le budget européen, il commence à exercer son contrôle sur la Commission qu'il n'a renversée qu'une fois (Commission Santer) mais qu'il surveille de plus en plus, tant dans sa constitution qu'au cours de son mandat. Les pratiques parlementaires des pays de la Communauté ne sont pas homogènes, mais, au Parlement Européen, elles tendent à s'aligner sur les plus exigeantes en terme de transparence et de probité. La Commission Santer en a fait la rude expérience ainsi que certains futurs membres des dernières Commissions qui pouvaient être soupçonnés de conflits d'intérêts et n'ont pas été acceptés.

Le Parlement Européen a souffert dans certains pays de l'existence de deux maux, le cumul des mandats de député national et de député européen et le scrutin de liste au niveau national, la circonscription étant l'ensemble du territoire national. Ces deux maux tendent à disparaître, permettant aux députés européens de représenter une circonscription identifiable pour les électeurs, et les invitant à se consacrer à plein temps à leur mission de parlementaire européen, qui n'est ni un métier facile, ni une occupation à temps partiel. Ceci conduirait le Parlement Européen à travailler au plein de ses capacités et à se consacrer aux problèmes de plus en plus nombreux et difficiles qui vont lui être soumis.

La démocratie européenne devra se bâtir sur la base d'une coopération obligée des trois institutions légiférantes de l'Union : la Commission, le

Conseil et le Parlement. Cette coopération est difficile, les procédures et les intérêts pouvant diverger d'une institution à l'autre. Mais ces différences sont garantes que toutes les solutions auront été explorées et que toutes les forces vives politiques de la Communauté y auront participé.

Peut-on imaginer comment fonctionnera la démocratie dans l'Union dans cinquante ans ? Sans risque de se tromper, on peut dire qu'elle connaîtra deux évolutions fortes, une concertation accrue et une subsidiarité enfin appliquée.

Plus de concertation sera le résultat de la contagion à l'ensemble de la Communauté des pratiques des pays du Nord de l'Union, pays scandinaves, Angleterre, Allemagne, Benelux. Ils pratiquent à tous les niveaux un dialogue, une écoute et un respect mutuel entre partis au pouvoir et partis dans l'opposition qui permettent des décisions plus rapides, pragmatiques et efficaces. L'ampleur des problèmes de l'Union, la complexité des procédures pour parvenir à la décision ne laisseront que peu de place aux calculs partisans nationaux . L'Union va conduire à une démocratie différente, démocratie où les problèmes, vus à l'échelle continentale, seront moins assujettis aux aspects catégoriels qui bloquent souvent les décisions au niveau national, démocratie aussi où les formations politiques devront se regrouper pour peser à l'échelle de l'Union. L'émiettement des partis politiques nationaux ne peut subsister au niveau de l'Union. Seront marginalisées les entités qui n'appartiendront pas à une large formation communautaire. Émergence de deux ou trois grands partis européens, définition par ces partis de vrais programmes politiques pour la construction de l'Union, dialogue démocratique débarrassé des querelles qui ne sont pas substantielles aux choix qui engagent l'Union, telle devrait être demain la vie politique de l'Union. Ce qui en sortira sera sans doute très différent de nos débats d'aujourd'hui. Les problèmes auront changé à l'intérieur de la Communauté et dans le contexte international. Les personnalités, passeurs d'idées et de convictions qui iront au-devant de leurs homologues des autres pays, joueront un rôle déterminant dans la Communauté de demain.

Le succès de la démocratie dans l'Union implique le respect de la « subsidiarité ». Les institutions communautaires auront à conduire un ensemble de cinq cent millions d'hommes et ne pourront gouverner, dans leurs destins quotidiens, les communes, les régions et les pays. La subsidiarité cache sous un nom compliqué un concept simple : ne pas décider à un niveau supérieur ce qui peut être décidé autant ou plus efficacement au niveau inférieur, et inversement ne porter au niveau supérieur que ce qui ne peut être décidé utilement au niveau inférieur. Actuellement l'Union n'applique que peu cet idéal affiché dans le traité de Lisbonne.

Jusqu'ici personne n'a souhaité clarifier les compétences entre l'Union et les États membres. Les différentes parties en présence, conscientes de la difficulté de l'exercice, ont préféré l'ambiguïté. Dans la période de mise en place, les États, dans un souci d'efficacité, ont délégué beaucoup de compétences à l'Union. Les États membres ne souhaitaient pas une clarification qui aurait conduit à des débats politiques difficiles entre États membres et à l'intérieur de chaque État. La question revenait au hasard des débats de politique générale entre partisans d'une Europe communautaire et partisans d'une Europe des États, mais elle était débattue sur le plan philosophique, et rarement sur des problèmes concrets, les États, et notamment la France, pouvant à la fois difficilement contester le bien-fondé de procédures communautaires et demander qu'elles soient appliquées à la politique agricole ou à la politique commerciale. Le Royaume-Uni a tenté des combats de principe, mais surtout a tout fait pour que ces évolutions ne la concernent pas, se mettant en dehors des nouvelles compétences de l'Union (euro, Schengen...).

L'Union connaît aujourd'hui une situation inverse de celle qui existe aux États-Unis. Là-bas le principe est que tout est national sauf ce que la

Constitution a confié à la Fédération. Dans l'Union, par nécessité ou par pragmatisme, dans de très nombreux domaines, le communautaire est devenu la règle et le national l'exception.

La Convention qui a rédigé le projet de Constitution, dans le souci d'éviter un combat peu productif, avait choisi de photographier la répartition des compétences en l'état où elle était en 2006. Le traité de Lisbonne a repris cette photo. Mais la photo a des contours flous, nés du recouvrement fréquent des compétences entre États et Communauté, ce que le projet appelle les compétences partagées. De plus il est possible de franchir les contours et de passer des compétences nationales aux compétences partagées ou aux compétences communautaires. Ces frontières sont poreuses et évolutives. Les esprits cartésiens jugeront cette architecture désordonnée, les autres y verront une construction pragmatique, permettant de cheminer vers une union sans cesse plus étroite.

Dans les traités, les compétences exclusives de l'Union sont limitées mais essentielles : union douanière, politique commerciale, règles de concurrence, politique monétaire pour les seuls pays de la zone Euro, et protection des ressources de la mer. Cette liste peut être étendue à d'autres accords internationaux par décision commune du Conseil (à l'unanimité) et du Parlement sur proposition de la Commission. Sauf pour la pêche et l'Euro, cette liste ne fait que confirmer les dispositions impératives des traités CECA et CEE.

Les compétences partagées entre Union et États membres concernent les autres domaines d'intérêt commun des traités CECA et CEE qui ne reposent pas sur des dispositions impératives mais les complètent. S'y ajoutent les dispositions des traités de Maastricht et d'Amsterdam sur l'espace de liberté, de sécurité et de justice. Le projet de Constitution confirmait enfin la compétence partagée de l'Union dans le domaine de la recherche, de la technologie et de l'espace. De ce fait, le champ des compétences partagées est considérable. Il embrasse tous les aspects de la vie économique et sociale qui accompagnent les dispositions impératives, c'est-à-dire les politiques économiques et sociales pour lesquelles une action commune est nécessaire, le choix étant laissé, pour atteindre cet objectif, entre décisions communautaires et décisions nationales conformes aux orientations communautaires. Ce choix entre décisions communautaires et décisions nationales aurait dû se fonder sur le principe de subsidiarité.

En fait, pour des raisons d'efficacité et par souci d'imposer d'égales obligations aux États membres, le domaine partagé a été massivement occupé par les décisions communautaires : politique agricole commune, protection des consommateurs, politiques de l'environnement, des transports, de l'aide humanitaire et du développement.

Enfin aux compétences exclusives et partagées s'ajoutent encore quatre autres formes de coopération.

Dans certains domaines (politique étrangère et sécurité commune), les États membres doivent appuyer la politique de l'Union.

Dans d'autres (santé, culture, éducation), l'Union doit appuyer l'action des États.

L'Union et les États membres doivent se porter un concours mutuel en cas de catastrophe naturelle ou d'action terroriste.

Enfin des coopérations renforcées entre États membres sont possibles dans tous les domaines autres que communautaires, à tout moment et pour tous les États membres, mais seuls décident des actions, et selon les procédures communautaires, les États membres qui ont choisi de participer à ces coopérations.

L'Union a ainsi à sa disposition une boîte à outils institutionnelle surprenante par sa profusion et sa diversité. Il faut saluer l'inventivité et le pragmatisme des auteurs des traités européens successifs. Le traité de Lisbonne essaie de remettre un peu d'ordre dans ce foisonnement. Il ne le mutile pas mais s'efforce de le rendre plus lisible et l'enrichit sur certains points. Toutes les avancées, tous les progrès sont aujourd'hui possibles, soit dans le cadre de procédures communautaires claires et contraignantes, soit sur décision de plusieurs ou de tous les États membres. La Communauté peut ainsi continuer à défricher de nouveaux domaines de la construction européenne jusqu'à ce que le succès des coopérations rende évidente l'intégration de celles-ci dans l'édifice communautaire d'ensemble.

Et la subsidiarité, c'est-à-dire la démocratie de proximité, dans tout cela ?

La construction communautaire a été une course contre la montre et les décisions communautaires dans les domaines des compétences partagées ont été choisies parce que plus rapides et efficaces. La compétence communautaire devrait continuer à s'étendre dans les domaines où seule elle peut gérer les politiques de l'Union : diplomatie, défense, aide au développement… Dans ces domaines, elle est encore loin de fournir tous les instruments dont la Communauté à besoin.

L'Union, emportée par la volonté d'ouvrir rapidement les marchés intérieurs, de faire sauter les barrières de toute sorte, tarifaires et techniques, et de protéger le consommateur dans toute la Communauté, a – à la demande des États membres – communautarisé de très vastes domaines de la vie économique et technique des pays de l'Union dont la gestion aurait pu être laissée aux États. La Communauté a commencé par mettre en place une stratégie très ambitieuse d'harmonisation des réglementations nationales. Puis devant l'engorgement des institutions, elle a dans de nombreux cas appliqué le principe de la subsidiarité par la méthode de la reconnaissance mutuelle des réglementations, l'idée étant que ce qui est bon pour un consommateur italien ou allemand est bon pour un consommateur français, avec cependant des minima et des maxima et des objectifs impératifs à atteindre.

On ne pourra éviter de reprendre l'ensemble de la question de la subsidiarité dans l'Union. Ce problème comporte des zones très sensibles telles que la fiscalité ou la politique sociale où s'affrontent la volonté forte d'une autonomie nationale et la demande non moins forte d'une extension de la compétence communautaire pour des raisons de concurrence ou d'édification d'une politique sociale commune. Il ne faut pas non plus exclure que l'on décommunautarise certaines compétences communautaires. Par le traité de Lisbonne, la Cour de justice et le Parlement devraient d'ailleurs devenir les gardiens de la subsidiarité, les parlements nationaux ayant aussi à jouer un rôle de surveillant pour le respect de ces frontières. Continuant à innover, l'Union doit sans cesse rechercher de nouveaux moyens de participation et de délégation, qui sont la condition de la solidité de l'édifice communautaire, mais aussi de sa démocratie.

VI

LES FRONTIÈRES DE L'UNION DANS CINQUANTE ANS

Le problème des frontières de la Communauté Économique Européenne s'est posé dès sa naissance. Quelques mois après sa mise en œuvre, dès 1958, l'Angleterre, la Suisse, l'Autriche et les pays scandinaves, membres de l'OECE mais non de la CEE, demandèrent à la CEE la constitution d'une grande zone de libre-échange sans tarif extérieur commun et sans politique commune. Dans le même temps, au sein de l'organisation mondiale du GATT, ancêtre de l'OMC, les États-Unis demandaient à tous les pays développés et en développement l'ouverture d'une négociation pour abaisser fortement les barrières tarifaires entre eux. Dès sa naissance, l'Union fut ainsi confrontée à une double demande d'élargissement commercial, au niveau européen et au niveau mondial. Un fort abaissement, voire la suppression des tarifs douaniers retirait à la Communauté toute possibilité de devenir un ensemble commercial, économique et politique. Ces demandes conduisaient à une dilution sans structuration de l'espace économique, sans contreparties sociales et sans règles du jeu. À peine née, l'Union était attractive, crainte et attaquée.

L'Union a tenu bon. Avec l'appui des États-Unis, elle a rejeté la zone de libre-échange européenne en rappelant que les traités européens étaient ouverts à tous les pays européens démocratiques décidés à les appliquer. Elle a accepté la négociation dans le cadre du GATT mais a discuté pied à pied les baisses tarifaires demandées par les États-Unis et, par des contreparties substantielles, a obtenu un accord équilibré, montrant pour la première fois sa force et son efficacité dans la négociation.

Très vite ont été formulées les premières demandes d'association ou d'adhésion aux Communautés. Ces demandes ont posé de multiples problèmes politiques, économiques et institutionnels. Ajouter de nouveaux partenaires à une Union en construction multipliait les difficultés d'une aventure déjà incertaine.

La Grèce, puis la Turquie, demandèrent très vite des accords d'association, difficiles à mettre en place, compte tenu de la situation économique et politique de ces pays. Ces accords furent finalement signés en 1961 et 1963.

La première demande d'adhésion vint de la Grande-Bretagne en 1962 mais les esprits n'étaient pas prêts dans ce pays et la France, constatant cette situation, interrompit, hélas de manière unilatérale, le processus en 1963. Une deuxième demande fut présentée en 1966 mais fut encore différée par la France. Les négociations reprirent avec le Royaume-Uni en 1970. Danemark, Irlande et Norvège rejoignirent la table de négociation. Trois nouveaux membres entrèrent ainsi dans la communauté au 1er janvier 1973, la Norvège ayant finalement dit non.

Les demandes d'adhésion s'accélèrent ensuite : la Grèce en 1975, l'Espagne et le Portugal en 1977, puis l'Autriche en 1989, la Norvège à nouveau et la Finlande en 1992. Enfin Chypre et Malte, puis les pays de l'Europe de l'Est par vagues successives. Seuls deux pays européens n'ont finalement pas suivi le mouvement, la Norvège et la Suisse, du fait de leurs opinions publiques réticentes jusqu'à ce jour.

Aucune de ces négociations d'adhésion n'a été facile, soit par les problèmes sectoriels de concurrence posés à certains États membres, soit à cause de la difficulté pour les candidats d'adopter les règles des traités et les décisions prises par les Communautés, énorme corpus juridique qui n'était pas négociable. Ces discussions ont duré chaque fois plusieurs années et ont nécessité des périodes de transition, des clauses de sauvegarde et des exceptions provisoires, dont l'objet était bien de sauvegarder l'intégrité de la construction communautaire.

Étrange évolution que ces élargissements successifs et rapides que beaucoup d'États membres ne souhaitaient pas parce que prématurés, mais auxquels, en vertu même des traités, de liens historiques forts et d'un sentiment profond de communauté de destin entre États Européens, l'Union pouvait très difficilement dire non. L'élargissement de l'Union ne fut pas le fruit d'un calcul économique ou politique. Il fut la résultante d'une conviction des candidats que l'Union repose sur des traités sages et modernes, creuset d'une Union d'un type nouveau, vraie garantie de leur liberté et de leur développement. L'Union a été bousculée par ces nations sœurs qui voulaient à tout prix partager son destin, et le plus vite possible.

L'approfondissement de la Communauté aurait dû précéder son élargissement. Les calendriers, faits pour que l'un précède l'autre, ont tous été emportés par un courant irrépressible. Les États de l'Europe du Nord, Royaume-Uni, Suède, Norvège, Finlande, Danemark, Autriche, Irlande, avaient leur place « réservée » dans l'Union et il n'y avait pas de raison de les faire attendre, dès lors qu'ils en acceptaient les règles. Les jeunes démocraties de Grèce, d'Espagne et du Portugal avaient impérativement besoin du soutien et de la caution de la Communauté, pour exorciser leurs vieux démons. Il en va de même aujourd'hui pour les États de l'Europe centrale et orientale, au fur et à mesure qu'ils reconstruisent leur démocratie et leur économie. L'Union fut capable de courage et de générosité.

Une question essentielle vient à l'esprit : quelles sont les limites acceptables des élargissements futurs ? Ces élargissements posent des problèmes que, jusqu'à présent aucune Fédération n'avait rencontrés. Certains pays membres craignent à juste titre qu'un élargissement non maîtrisé ne conduise à la dissolution et à l'éclatement de l'Union. D'autres redoutent que de nouveaux entrants, la Turquie, l'Albanie ou la Biélorussie par exemple, par leurs différences culturelles, ne rendent impossible le développement ultérieur de l'Union et n'en pervertissent les valeurs. Tous sont conscients que les institutions actuelles, faites pour six États fondateurs, ne permettent pas de gérer une communauté de vingt-huit États.

Mais dès lors que les États fondateurs avaient accepté en signant les traités européens d'accueillir de nouveaux membres appartenant au continent européen, il n'était plus possible politiquement d'écarter la candidature d'un État qui répondait aux critères de démocratie et de développement économique de l'Union, et qui acceptait les règles découlant des traités européens. Le refus opposé à un État européen, qui demande à adhérer et en remplit les conditions, devient un ostracisme aux conséquences dramatiques pour l'État en cause. Pour les nouveaux adhérents, l'entrée dans l'Union était la garantie de leur liberté, la chance de bénéficier du développement économique de l'Union et la participation aux affaires du monde qui leur serait refusée s'ils restaient en dehors de l'Union.

Dans le monde d'aujourd'hui, l'Union à vingt-huit, sans doute à trente et plus demain, fait figure de moyenne puissance. Elle n'a ni la superficie des plus grands, ni les ressources naturelles des plus riches, ni la population des États milliardaires en citoyens.

De nouvelles adhésions, faites selon l'esprit et les règles de l'Union, ne sont pas un affaiblissement mais une chance pour l'Union, devant la puissance des grands ensembles mus par une culture et des ambitions qui ne sont pas les nôtres. Dans cette perspective, l'adhésion des pays d'Europe de l'Est, encore à l'extérieur de l'Union, semble dans la nature des choses. Par pays de l'Europe de l'Est, il faut peut-être entendre aussi une Russie qui dans vingt ou trente ans, devenue démocratique, se trouvera devant une Asie en croissance exponentielle, qui sera elle-même affectée par une démographie déclinante et qui pourra considérer l'Union comme sa meilleure chance, que ce soit pas association ou adhésion. « L'Europe de l'Atlantique à l'Oural » disait le Général de Gaulle.

Dans cette perspective, une interrogation sur la demande d'adhésion de la Turquie n'est pas scandaleuse. Cette adhésion ne va pas de soi, mais le principe ne peut être a priori écarté, même si la Turquie est géographiquement beaucoup plus asiatique qu'européenne et si sa religion dominante, l'Islam, est considérée par beaucoup comme peu compatible avec la civilisation européenne. La question est précisément de savoir si une Communauté islamo-chrétienne est inacceptable et si la mission de l'Union au XXIe siècle n'est pas de créer cette communauté d'un nouveau type qui serait une contribution importante à la paix du monde.

L'Union ne s'est bâtie ni comme ses fondateurs l'avaient imaginée, ni comme certains États membres l'auraient souhaitée. Les six États fondateurs pensaient plutôt à une Europe carolingienne, aux populations proches en termes de culture et de géographie, et déjà habituées les unes aux autres par les années d'expérimentation de la CECA. Sans doute les nouvelles adhésions, très positives au départ, ont-elles donné lieu pour certaines à des difficultés majeures lors de la crise de 2008. Grèce, Irlande, Espagne et Portugal avaient des économies trop fragiles pour résister à cette tourmente qui n'a d'ailleurs pas épargné certains États fondateurs. Mais, à nouveau avec courage et générosité, l'Union a, au prix de sacrifices lourds, joué la carte d'une solidarité qui est sans doute la plus belle preuve de son existence.

Un des miracles de l'Union fut qu'elle ait pu grandir autant et si vite, sans perdre sa spécificité ni renoncer à ses objectifs. Ce processus montre qu'il y avait en elle une force qui dépassait tous les accords internationaux conclus à ce jour. Un tel processus peut-il se poursuivre indéfiniment ? Bien sûr, une fois atteintes les limites historiques et géographiques de l'Europe, le processus doit s'arrêter. Quelles sont d'ailleurs les frontières de l'Europe ? Sont-elles en deçà ou au-delà du Caucase ? Que répondre à la demande des États eurasiens tels que l'Arménie ou la Géorgie ? Il serait possible de faire sortir l'Union des frontières de l'Europe en modifiant les traités qui seuls posent sa limite géographique. Qui eut cru que des pays d'autres continents demanderaient à rejoindre la Communauté ? Telle fut pourtant la demande formulée dans les débuts de la Communauté par deux pays asiatiques (Israël et la Turquie) et un pays africain (le Maroc).

En 2050, l'Union aura sans doute accueilli tous les pays européens à quelques exceptions près, exceptions qui montrent que l'adhésion est libre et volontaire et que l'appartenance à l'Union n'est pas une fatalité subie, mais un choix qui engage les pays qui le font. Peut-être la Suisse, pour des raisons de neutralité et de préservation de sa démocratie directe, continuera-t-elle à appliquer les règles de l'Union afin de demeurer étroitement associée, mais sans adhérer. Peut-être en sera-t-il de même de la Norvège, qui, bien que n'ayant pas un statut de neutralité, a choisi de se tenir hors de l'Union. Peut-être aussi certains membres actuels choisiront-ils de sortir de l'Union. Le traité de Lisbonne le prévoit et les autres États membres ne leur feront pas une guerre de sécession.

Que faire enfin si, par suite des complémentarités historiques et géographiques, mais aussi pour des raisons de sécurité, les anciennes républiques asiatiques de l'URSS recherchaient l'adhésion ? Que faire si les pays méditerranéens qui ne seraient pas dans la Communauté mais qui lui sont unis par tant de liens, Proche-Orient, Égypte, Libye et Maghreb, demandaient à entrer ? Que faire enfin si une partie des pays de l'Afrique

Noire, dont de très nombreux ressortissants sont en Europe, demandaient à rejoindre la Communauté ? De telles éventualités sont moins impensables aujourd'hui que ne l'étaient hier la dissolution du pacte de Varsovie et l'adhésion de nombre de ses membres à l'OTAN et à l'Union. Que peut faire l'Union pour demeurer en accord avec sa doctrine d'ouverture et d'accueil ?

De telles demandes ne peuvent être gérées que de manière pragmatique et créative, en fonction de réalités mondiales en constante évolution. L'adhésion n'est pas la seule réponse à ces demandes. D'autres formules ont été expérimentées. L'association de pays tiers avec la Communauté était prévue par le traité de Rome, en ce qui concernait les anciennes colonies des pays de l'Union. Depuis, le cercle s'est beaucoup élargi et diversifié, et la liste des associés couvre une large partie des pays en voie de développement. Ces associations ne répondent plus nécessairement aux attentes de ces pays. Les avantages commerciaux consentis par la Communauté dans ces associations ont été progressivement érodés par les accords du GATT et de l'OMC. Beaucoup de ces pays attendent aujourd'hui de ces accords plus que des préférences commerciales et des aides financières : coopération technique, accueil de travailleurs migrants, transferts technologiques, investissements, assistance technique, coopération militaire et même droits de participation à certaines décisions de politique internationale. C'est dire que le champ de ces associations peut varier selon une participation sélective à la vie communautaire. Plusieurs formules sont possibles. La première serait l'accord de bloc à bloc, par exemple entre Maghreb ou Proche-Orient et Union Européenne. Une autre serait la mise en place de cercles concentriques de coopération, du moins au plus intime, mais qui associeraient pays tiers et Union avec des institutions communes, sans toutefois interférer sur le fonctionnement interne de l'Union. Ces formules présenteraient l'avantage d'une coopération structurée et claire pour ceux qui sont dedans comme pour ceux qui sont en dehors. Ces coopérations devraient permettre d'accueillir des demandes que nous ne décelons pas aujourd'hui. On peut penser ici à des pays qui ont eu un attachement économique, culturel ou politique avec des pays de l'Union. Relèvent de cette catégorie des pays du Commonwealth ou des pays d'Amérique Centrale ou du Sud à la recherche de grands partenaires.

Ainsi se poursuivrait une organisation mondiale, dont la Communauté serait un des pôles, par ses liens culturels et historiques avec de nombreux pays, et par la réussite de sa construction institutionnelle et de sa politique étrangère.

VII

CROISSANCE ET EMPLOI DANS L'UNION DU PROCHAIN DEMI-SIÈCLE

2008 a vu naître, dans une période de paix, la pire crise financière, économique et sociale du monde depuis 1929. Chacun s'est interrogé et s'interroge encore sur la capacité de l'Union à survivre à cette tourmente et à protéger ses membres des conséquences de ce désastre : chômage, récession, tempêtes sur l'économie et la monnaie... Si sur ces interrogations la réponse était négative, l'échec serait tel qu'il entraînerait sans doute la fin de l'Union.

Aujourd'hui, en 2014, il est possible de dresser un bilan provisoire du rôle de l'Union devant cette crise.

D'abord elle a écarté la tentation protectionniste du retour aux droits de douane et aux contingents nationaux, tentation toujours présente dans l'opinion publique et les États lorsque cela va mal mais qui, comme 1929 l'a prouvé, aggrave l'ampleur et la durée de la crise. La dimension du marché intérieur communautaire a été la meilleure protection contre cette tentation et contre la dépression.

L'Union, au moins pour les pays de la zone euro, a empêché la course aux dévaluations « compétitives » des monnaies nationales, facteurs de grandes perturbations de toute l'activité économique.

Pour les pays de l'Union en difficulté qui ne sont pas dans la zone euro, des mesures de solidarité financière ont été décidées au niveau de l'Union, qui leur ont permis d'éviter sinon la baisse, du moins l'effondrement de leurs monnaies. Enfin, pour certains pays de la zone euro (Grèce, Irlande, Espagne, Portugal, Chypre…), un concours financier massif des États, du fonds communautaire et de la Banque Centrale Européenne a non seulement empêché pour ces pays une sortie désastreuse de l'Euro mais permis de jeter les bases d'un retour à l'équilibre et à la croissance.

Cette crise mondiale, longtemps camouflée par la fuite en avant des politiques monétaires et financières des États et des banques, a fini par éclater du fait de l'explosion de la bulle immobilière et du surendettement des États et des ménages. De tels déséquilibres ne pouvaient se poursuivre indéfiniment et arrivait un moment où il fallait remettre les compteurs à zéro et solder la note pour ne pas la transmettre aux générations suivantes tout en s'épuisant à en payer les intérêts.

Aujourd'hui, par une politique concertée de relances nationales et communautaires, l'Union tente d'apporter une contribution efficace à la reprise de l'activité économique dans la Communauté.

Certains ont jugé ces mesures insuffisantes pour être efficaces, d'autres excessives et de ce fait potentiellement inflationnistes. La seule chose qu'il est possible de constater à ce stade est que l'Union, par son existence mais aussi par des actions novatrices, a bien été un bouclier contre cette catastrophe, dont elle a beaucoup atténué les effets et, il faut l'espérer, réduit la durée.

À plus long terme, à échéance de cinquante ans, nul ne peut imaginer ce que sera la situation économique de l'Union, ni ses structures écono-miques, ni son marché, ni sa consommation. Seule sa démographie est déjà écrite. Lors de la signature des premiers traités européens, internet, les portables, les biotechnologies n'existaient pas. L'informatique apparaissait tout juste et l'énergie atomique civile commençait. Plus de la moitié des produits commercialisés aujourd'hui étaient inconnus en 1958. Avec le développement des transports aériens et des TGV, les distances et les relations entre pays, régions et personnes ont été bouleversées et les contacts humains et commerciaux profondément modifiés.

Des unions douanières avaient déjà été expérimentées, mais une union économique entre nations structurées et développées avec mise en place de politiques communes ou concertées dans les domaines agricole, scientifique, social, énergétique, environnemental ou de défense des consommateurs, et une monnaie unique, était une totale innovation. Cette absence de précédent explique la perplexité des hommes politiques devant la construction européenne.

Reportons-nous en 1958, à la mise en œuvre du traité de Rome. L'avenir était encore plus insondable qu'aujourd'hui. La mise en contact de six économies aussi différentes que l'étaient celle des membres fondateurs était terrifiante, et ces terreurs s'exprimaient chez tous, politiques ou professionnels. Il était évident que l'agriculture française allait dominer, que l'industrie allemande allait écraser les autres industries de la Communauté, que la main-d'œuvre italienne allait submerger le marché du travail des six. Que s'est-il passé dans la décennie qui a suivi 1958 ? Les agricultures allemandes et hollandaises se sont incroyablement développées, l'industrie française a connu une croissance spectaculaire, la sidérurgie italienne est devenue la plus performante de la Communauté, la main-d'œuvre italienne est restée en Italie, mobilisée par l'extraordinaire croissance de ce pays.

Si on fait le bilan des dix premières années de la Communauté Économique Européenne, on ne peut que constater une évolution gagnant-gagnant chez tous les partenaires et dans toutes les branches. La croissance du produit national et de l'emploi a démenti les prévisions négatives, qu'elles fussent politiques, patronales ou syndicales.

Une chose est certaine : dans les décennies qui viennent, cette évolution continuera et l'Union aura des possibilités supérieures pour chacun de ses membres à celles qu'ils ont connues dans le passé. L'Union a rejoint le potentiel démographique, économique, scientifique et budgétaire des plus grands acteurs mondiaux.

Elle a un niveau éducatif, scientifique et culturel parmi les plus élevés du monde et chacun sait que ce niveau est la clé de la croissance. La « matière grise » européenne s'exporte sur toute la planète sous forme d'ingénieurs, d'enseignants, de scientifiques, attirés par les conditions des laboratoires et des Universités des autres continents. Même si le système éducatif des pays de l'Union connaît des ratés, même si l'organisation de la recherche est imparfaite, l'ensemble du potentiel intellectuel de l'Union est élevé. La construction européenne devrait optimiser ces immenses richesses de matière grise de l'Europe. Si l'on considère le coût de leur morcellement actuel, lié à des chauvinismes culturels et des rigidités administratives, on peut imaginer le potentiel exceptionnel que leur conjonction peut créer. Dès lors, il n'est pas illégitime de nourrir pour la Communauté les plus grandes ambitions, qu'il s'agisse des découvertes fondamentales, des technologies ou de la création de richesses. Chaque fois que l'Europe a réuni ses forces, les résultats ont été spectaculaires, comme le montrent Airbus, Ariane, le CERN ou ITER, la hissant aux plus hauts niveaux technologiques et industriels du monde.

Ces réussites comme les perspectives exceptionnelles qu'ouvre l'Union ne dissipent pas l'inquiétude de beaucoup de citoyens européens sur l'économie au quotidien. Ils pensent qu'un triple danger menace la croissance économique et l'emploi de nos pays : une concurrence intra ou extra communautaire dévastatrice pour les marchés et les emplois ; les fusions-acquisitions qui transfèrent hors de leurs entreprises et parfois du pays ou de l'Union, les centres de décision, lesquels, de ce fait, n'auront plus la culture de l'entreprise ni la sensibilité nationale ; enfin une gouvernance purement financière de l'entreprise, résultant de l'actionnariat des grandes institutions financières et notamment des fonds de pensions qui cherchent pour leurs retraités la maximisation du profit, au détriment de l'emploi et de l'avenir des entreprises où ils ont investi. Ces inquiétudes se nourrissent d'exemples évoqués tous les jours dans la presse.

Les entreprises sont mortelles. Quels que soient leur renom, leur taille, leur efficacité et leurs actionnaires, elles sont soumises à toutes sortes de risques qui vont de la disparition de leur marché, liée à des évolutions technologiques ou sociétales, jusqu'aux erreurs de management, par excès ou défaut d'ambition des dirigeants. La durée de vie d'une entreprise est souvent inférieure à celle de la vie humaine et le cimetière des vedettes des marchés financiers ne cesse d'accueillir de nouveaux arrivants. L'Union Européenne a-t-elle aggravé cette mortalité ? En ouvrant de multiples possibilités pour les entreprises, elle leur a plutôt permis de surmonter des difficultés qui autrement auraient été mortelles. La concurrence intracommunautaire n'a pas été dévastatrice. Elle a le plus souvent renforcé la capacité de résistance des entreprises européennes en permettant spécialisation, rationalisation, élargissement des marchés, coopérations et fusions. Les périls concurrentiels les plus rudes sont venus des pays tiers, dont les pays en voie de développement, devenus très efficaces dans les produits traditionnels et avancés. Cette concurrence des pays tiers aurait émergé de toute façon et aucune mesure n'aurait pu l'empêcher. Pour l'éviter, les pays membres auraient dû s'isoler de l'économie mondiale, ce qui aurait impliqué qu'ils renient leurs accords bilatéraux et multilatéraux avec les pays développés et en voie de développement, et qu'ils répudient le choix de l'ouverture sur le monde. Une telle démarche eut été en contradiction totale avec la politique d'ouverture économique de l'Union menée depuis 1958 ainsi qu'avec la politique d'aide commerciale aux pays en voie de développement, politiques conduites courageusement et généreusement par tous les gouvernements des États membres depuis soixante-dix ans, et qui ont suscité l'expansion et la modernisation de leur économie comme le développement des nombreux pays tiers bénéficiaires.

Une activité sans risque n'existera jamais dans l'Union – ni ailleurs – que ce soit dans l'entreprise, dans les métiers indépendants et artisanaux, dans les professions libérales et artistiques ou même dans les fonctions publiques. L'aversion au risque, très forte chez les Européens, ne supprime pas le risque. En transférer sur la collectivité le coût social est normal dans une économie de solidarité, mais si la crainte conduit au refus de toute adaptation des structures et des conditions de travail, elle devient mortelle pour l'économie. Les mutations de fonction, les réorientations de compétence par formation, les changements d'entreprise ne sont pas nécessairement un désastre pour les personnes qui doivent y procéder. Elles peuvent être une opportunité dans tous les domaines : plus grand intérêt du travail, meilleure rémunération, relations humaines plus satisfaisantes, enrichissement de l'expérience professionnelle. Telle est en tout cas la vision américaine qui pourtant n'est pas épaulée par toutes les solidarités qui existent en Europe. Ces évolutions de l'économie sont la conséquence inéluctable non pas du libéralisme, non pas seulement de la mondialisation, mais des mutations technologiques de toute nature dont chacun mesure les avantages. On ne peut revendiquer l'immobilisme relativement abrité du paysan du XIXe siècle (pas si immobile et abrité que cela) et demander en même temps l'accès à tous les produits et services d'une société moderne. La seule position cohérente serait alors de revenir à une économie de subsistance. Cela n'empêche pas qu'il appartient à l'Union, aux États membres et surtout aux entreprises, de tenter d'éviter par tous moyens compatibles avec la réalité économique et les règles de concurrence, les fermetures de sites et les licenciements.

L'Europe pendant les cinquante années qui viennent, poursuivra sans doute l'évolution fortement engagée dans les dernières décennies du XXe.

L'agriculture stricto sensu emploiera de moins en moins d'agriculteurs, mais dans le monde rural de nouveaux métiers se développeront autour de l'écologie et de l'entretien de la nature, sans cesse plus respectée et appréciée par une population très largement urbanisée.

La population active de l'industrie se maintiendra dans toute l'Union à un niveau relativement faible du fait des progrès technologiques et de l'automatisation, les délocalisations ayant peu d'effets sur l'emploi car compensées par les investissements étrangers. Continueront à embaucher les petites et moyennes entreprises qui représentent 75 % de l'emploi industriel et tertiaire et répondent à des besoins spécifiques et diversifiés que ne peuvent satisfaire les grandes structures industrielles.

Les services, qui représentent déjà plus de 70 % du produit intérieur, continueront d'augmenter. Ils sont peu délocalisables pour des raisons culturelles et des impératifs de proximité. Même les services les plus mobiles comme les transports, les télécommunications ou les services financiers, nécessitent au final une forte présence sur le terrain.

Du côté de la demande telle qu'on peut l'appréhender aujourd'hui, et en sachant que l'on ne connaît pas la multitude de nouveaux besoins qui se manifesteront demain, trois secteurs dans la Communauté comme dans les autres ensembles économiques continueront de connaître une demande croissante, répondant à des nécessités que rien ne rendra obsolètes : le logement, la santé et l'enseignement. Dans ces trois secteurs à lourde intensité d'investissement et de main-d'œuvre, le problème est la solvabilité de la demande. Dans des économies à la recherche de moteurs de croissance, ces trois moteurs-là tournent à faible régime. Ce n'est pas le lieu ici de suggérer des modes de financement de ces activités. Il est seulement surprenant d'entendre sans cesse que la demande s'essouffle et que l'on cherche à la relancer, alors que des potentiels énormes d'activité existent au cœur même de nos sociétés dans ces trois domaines.

Il est vrai aussi que les marchés des produits de consommation courante, alimentation, automobile, équipements électroménagers, habillement, sont proches de la « maturité » selon les économistes, c'est-à-dire qu'ils correspondent au remplacement plus qu'à la satisfaction de nouveaux besoins. Même les moins favorisés ont de plus en plus la possibilité d'accéder à ces biens. Il n'y a pas carence mais accès inégal et défectueux à ces biens pour certains. Globalement nous sommes en surconsommation et une économie qui repose sur la surconsommation se retrouvera tôt ou tard en contradiction avec la santé, l'économie, l'écologie et la morale. Civilisation de mesure, de relative égalité entre les citoyens, en tout cas dans la consommation, l'Europe dès la Rome antique, avait inventé des lois qui punissaient les citoyens dont la consommation était insolente. La chrétienté a lutté aussi contre les excès de la consommation et inventé la redistribution des richesses et le carême. La course sans limite vers plus de tout n'est pas dans la culture de l'Europe.

Mais quels seraient ces nouveaux besoins qui pourraient doper la croissance ? Si l'on prolonge la demande qui s'exprime depuis cinquante ans (audiovisuel, télécommunications, culture, tourisme…), ceux de la première moitié du XXIe siècle devraient être largement immatériels. Ils engageront des investissements collectifs lourds qui continueront à faire appel à des technologies d'avant-garde et à des infrastructures innovantes.

L'Europe, avec bien d'autres pays développés, est entrée dans une civilisation de communication, d'acquisition des connaissances et de loisirs, activités qui reposent sur la création intellectuelle et sont riches en emplois qualifiés. Dans ces domaines, l'Union est fortement engagée et, sur plus d'un point, est dans le peloton de tête. La satisfaction de ces besoins modèlera peu à peu le nouveau visage de notre civilisation, une civilisation immatérielle qu'il est aujourd'hui impossible de définir mais qui s'écartera fortement de notre consommation d'aujourd'hui.

Second besoin : la protection de l'environnement qui nécessitera des investissements considérables pour le traitement des rejets et l'équipement des usines. La recherche d'une énergie propre constitue le premier objectif. Les pays les plus peuplés n'ont pas encore accédé à une consommation minimale d'énergie et les pays avancés ne cessent d'augmenter la leur. La croissance très rapide de la demande mondiale fait de ce problème une priorité absolue de l'action pour la protection de l'environnement. Sciences fondamentales, recherches technologiques et industries sont mobilisées pour répondre à ce défi dont la négation serait la pire erreur de l'humanité.

Trois autres perspectives doivent être évoquées pour la croissance et pour l'emploi.

D'abord, une coopération massive avec les pays en voie de développement pour les extraire de ce cercle vicieux où la démographie dépasse la croissance du produit intérieur brut, où le climat et la concurrence internationale – parfois des autres pays en voie de développement – se liguent pour détruire ou dévaloriser les productions locales, où la corruption et la guerre anéantissent l'efficacité des investissements. Dans ces pays où tout est à faire pour assurer le minimum vital et l'autonomie du développement, l'apport de l'Union en experts et coopérants, en technologies et en capitaux peut être la réponse à une situation désespérée. Déjà organisations humanitaires européennes, États et Union Européenne consacrent des moyens financiers et humains importants à cet objectif. Ils sont les premiers fournisseurs de fonds aux pays en voie de développement. Ces moyens doivent augmenter fortement pour atteindre une masse critique qui permette le décollage de ces économies. Cet objectif n'est pas inatteignable.

L'Union pourrait faire plus, dans une conception éclairée de l'équilibre mondial. Il ne s'agit là ni d'un acte de charité, ni d'un néocolonianisme intéressé mais d'un échange avec des pays dont la pauvreté masque d'autres richesses, notamment humaines et spirituelles, ainsi qu'un potentiel économique demeuré en friche.

La seconde perspective concerne les innovations qui tirent la croissance vers de nouveaux horizons technologiques et industriels, fortement créateurs d'emplois : l'espace, l'atome, l'aéronautique restent d'extraordinaires moteurs de croissance. Les biotechnologies, les nano technologies et plus généralement toutes les disciplines scientifiques, fondamentales ou appliquées, ouvrent à l'économie européenne de nouveaux espaces en termes de croissance et d'emploi qui seront autant de relais au déclin des activités saturées, obsolètes ou transférées.

La troisième perspective concerne les infrastructures bridées par les frontières politiques et la difficulté de réunir les financements. Autoroutes, tunnels, ferroutages, voies fluviales, ports désenclavant les trafics sont autant de projets onéreux et incontournables si l'on veut éviter la saturation des échanges au sein de l'Union. On peut dire que l'Union n'a pas aujourd'hui les infrastructures de son économie, et que d'énormes travaux sont nécessaires pour les améliorer.

Coopération avec les pays en développement, technologies, infrastructures, ces perspectives sont déjà au cœur des réflexions communautaires. Elles ont été recensées, ont fait l'objet de programmes précis mais n'ont pas bénéficié des budgets communautaires nécessaires pour influencer profondément le développement de l'Union. Faut-il rappeler que le budget global de la Communauté représente moins de 1 % du PIB des États membres !

Les craintes répétées sur le déclin économique et social de l'Union n'ont pas de fondement, la Communauté se trouvant dans une situation des plus enviables par rapport à la plupart des autres pays du monde. Il y aura toujours des indices où elle sera moins bonne que d'autres pays à un moment donné : taux de croissance, taux de chômage, taux d'investissements, taux des dépenses de recherche... Mais il ne faut pas oublier que la comparabilité de ces indices de pays à pays présente de sérieuses difficultés, que les évolutions ne peuvent se juger que sur des périodes assez longues, enfin que l'Union est loin d'avoir produit tous ses effets.

De temps à autre, un bilan est nécessaire pour savoir si nos craintes sont justifiées. L'heure serait venue de le faire. Depuis que nos pays existent, leur économie n'a jamais porté autant d'emplois salariés ou indépendants qu'aujourd'hui, y compris en France. Dans toutes les économies de l'Union ont été accueillies les immenses cohortes de paysans qui quittaient l'agriculture et les femmes dont l'emploi était encore faible en 1945. La proportion de diplômés dans la population n'a jamais été aussi importante, surtout dans les tranches d'âge les plus jeunes. Le niveau de vie moyen de nos pays n'aura jamais été aussi élevé et ce niveau de vie ne se mesure pas seulement en revenu par tête mais aussi en bénéfice des biens collectifs, infrastructures, santé et espérance de vie, environnement, transports, urbanisme... Le nombre de logements n'a jamais été aussi grand. On pourrait continuer la liste des records positifs qui n'effacent nullement les difficultés spécifiques que connaît la société européenne : chômage élevé, paupérisation d'une fraction croissante de la population, grave crise du logement dans certaines villes, illetrisme et ratés du système éducatif... Les succès immenses de l'économie européenne ne doivent pas être transformés en déclin inéluctable. Les avancées constantes en création de richesses matérielles et immatérielles de l'Europe laissent un formidable espoir de voir se réduire les dysfonctionnements de notre économie et de la société.

Une grande partie du malaise de la société européenne et son découragement devant les difficultés présentes et les incertitudes du futur proviennent de la dislocation du lien social. Ce n'est pas la croissance économique qui recréera ce lien mais une confiance retrouvée à la fois dans la société dans laquelle nous vivons et dans un avenir riche de promesses. Ce n'est certainement pas la rupture de l'Union ni le repliement de ses membres sur leurs problèmes qui peuvent rebâtir l'espérance en Europe.

VIII

MODÈLE SOCIAL ET UNION

Sur un « modèle social » européen, le débat est rude entre ceux qui pensent qu'il ne peut s'agir que d'un domaine de compétence nationale et ceux qui estiment qu'il est dans les priorités de l'Europe de bâtir un modèle communautaire qui s'imposera de la Suède à Chypre.

Le « modèle social » est généralement reconnu comme étant le résultat de trois composantes : la couverture sociale (santé, retraite, chômage), le droit du travail et les services publics.

Du social, il est constamment question dans les textes européens (traités, décisions du Conseil, projet de constitution et traité de Lisbonne). Dans ce dernier traité, la politique sociale (assurances sociales et droit du travail) reste un domaine de compétences partagées, mais où les avancées communautaires sont déjà nombreuses, comme en témoigne l'acquit communautaire, avec la libre circulation des travailleurs, l'organisation de leur protection sociale en cas de migration, l'hygiène, la sécurité et la lutte contre les accidents du travail, la coordination des politiques nationales de l'emploi ou de la formation professionnelle... Toutefois dans tous ces textes, l'harmonisation des réglementations nationales est spécifiquement écartée en matière sociale. Le rôle de l'Union est de soutenir l'action des États membres, qu'il s'agisse de la santé et de la sécurité, des conditions de travail, de l'information et de la consultation des travailleurs, de la lutte contre l'exclusion sociale. L'Union encourage le dialogue des partenaires sociaux et la conclusion d'accords au niveau européen. L'Union enfin suscite études, avis, rapports et suggestions sur tous les problèmes sociaux et favorise les échanges d'expérience entre États membres pour encourager la diffusion des formules qui réussissent. Le Conseil à l'unanimité peut toutefois prendre dans le domaine social des décisions communautaires, aux seules conditions qu'elles respectent le droit des États de rester maîtres de leurs systèmes de sécurité sociale et de les laisser libres d'aller au-delà des niveaux prévus par ces décisions.

L'Union a mis en place quatre fonds à vocation sociale. Le fonds agricole (FEOGA) a pour mission de soutenir et faire évoluer l'agriculture européenne. Le fonds européen de reconversion, créé pour faciliter les évolutions structurelles par des aides à la formation et à la réinsertion des personnes, était inscrit dans le traité CECA. Repris dans le traité de la CEE, ce fonds social a été un acteur déterminant des mutations de nombreuses industries. Le fonds de développement régional, créé en 1975, est intervenu pour le redressement économique des régions en difficulté. Son action a concerné un très grand nombre de régions. Enfin le fonds de cohésion est dédié à la protection de l'environnement et aux infrastructures de transports.

Au-delà des orientations, des impulsions, des règles communes nécessaires à la protection sanitaire des personnes et à leur libre circulation dans l'Union, au-delà des outils financiers puissants dont elle dispose, l'Union doit-elle faire de nouveaux pas ? Tous les pays de l'Union ne considèrent pas que le domaine social doit être piloté par la loi et le règlement. Entre la multiplication en France des lois et décrets réglementant le social (notamment par la « légalisation » des accords entre partenaires sociaux) et le système britannique qui, à part la fixation de quelques minima, laisse les accords se conclure librement au niveau de l'entreprise, il y a autant de solutions que d'États membres. Sur le fond, les divergences existent aussi, qu'il s'agisse des prestations sociales, du salaire minimum, du contrat de travail, du droit de licenciement ou de l'indemnisation du chômage. Même sur les points où le consensus existe (égalité des salaires hommes-femmes, formation professionnelle, assurance chômage), les voies et moyens divergent et les résultats aussi.

Il y a de fait dans l'Union plusieurs « modèles sociaux » qui ne sont semblables ni par leurs contenus, ni par leurs méthodes, ni par leurs procédures. Chaque pays tient au sien avec ses avantages, et malgré ses faiblesses. Le modèle le plus populaire serait le scandinave mais les autres États et leurs partenaires sociaux ne seraient pas nécessairement prêts à accepter les prélèvements obligatoires très élevés qui en sont la contre-partie ni les disciplines très strictes pour les bénéficiaires en matière d'accès à la santé ou de contrôle du chômage qui accompagnent la générosité des prestations. L'addition de tous les avantages qui existent dans les États membres serait l'objectif idéal. Le modèle parfait qui en naîtrait ne serait pas forcément cohérent et ne serait pas supportable aujourd'hui pour l'économie communautaire.

Peut-être la notion de « modèle » nous égare-t-elle dans notre recherche sur le domaine social comme d'ailleurs sur le domaine politique ou économique. La notion de modèle sous-tend un dogmatisme et une rigidité qui sont à l'origine de bien des erreurs d'analyse et de solution. Modèles soviétique, américain, maoïste, scandinave, français, nous aimons les modèles pour ce qu'ils ont de répétitifs et de rassurants mais nous oublions qu'ils s'appliquent à l'homme et à la société, domaines complexes et mouvants où rien ne se laisse durablement modéliser. Dans le champ social, il vaudrait mieux parler d'un thésaurus contenant les acquis et les valeurs sociales que l'on retrouve dans tous les pays de l'Union et qui se déclinent et évolueront de multiples façons. Les acquis sociaux des États de l'Union sont les plus généreux du monde et en ce sens ils sont un véritable trésor. Leur commun dénominateur est le respect de la personne et la solidarité entre les différentes composantes de la société. Ces acquits tendent à converger au sein de l'Union par l'action combinée des syndicats, des opinions publiques et des institutions communautaires. La contagion y est forte, tant le désir de trouver des solutions par le recours aux expériences réussies chez les autres est vif chez les politiques et les partenaires sociaux.

Ce qui a été dit plus haut concerne au premier chef la protection sociale et le droit du travail.

Une autre composante du « modèle social », les services publics, est un sujet controversé. Pour certains l'Union passe pour en être le fossoyeur. Services publics et entreprises publiques ont été souvent confondus dans l'opinion publique européenne, étant sous-entendu que ce qui relève du public est vertueux et efficace, alors que l'entreprise privée est guidée par la seule recherche du profit et ne peut fonctionner que contre l'intérêt général.

Il n'y a aucun débat dans l'Union sur la légitimité des services publics qui gèrent les prérogatives régaliennes des États : diplomatie, armée, police, justice, finance et fiscalité mais aussi toutes les administrations de contrôle. En revanche, dans bien des cas, l'État est passé de l'impulsion et du contrôle à la gestion directe, transformant en administration des services d'intérêt général qui seraient d'autant mieux contrôlés par lui qu'ils ne seraient pas ses administrations

Depuis son origine, la Communauté s'efforce de définir la notion de service public pour séparer le concurrentiel (où la concurrence peut améliorer la prestation pour le consommateur) du service public pour lequel la rentabilité et la concurrence n'ont pas de sens. Déclarer services publics des activités marchandes pour garantir les monopoles d'État ne favorise pas l'intérêt général.

Le traité de Rome a rendu sa place à l'usager-consommateur, c'est-à-dire qu'il l'a remis au centre de la vie économique. La démocratie implique qu'il puisse exercer son choix et que celui-ci ne lui soit pas dicté par des monopoles publics ou privés, ni limité par des entraves non justifiées. Et cette démocratie économique implique ainsi que les services publics, pour lesquels il paie en tant que consommateur et auxquels il a droit en tant que citoyen, répondent à son attente par la suffisance de l'offre, la rationalité des coûts et la qualité des prestations.

Du point de vue du consommateur et non de celui des organismes qui les gèrent, le problème des services publics prend une autre dimension. La gestion déléguée, avec remise en question périodique du délégataire par appels d'offres, est la solution la plus satisfaisante pour le consommateur et l'économie en général. Elle permet un service public qui répond au plus près à l'attente du citoyen, car l'État ou la collectivité territoriale peut pleinement exercer son contrôle, imposer son cahier des charges et changer son délégataire en cas de dysfonctionnement ou même simplement sur simple appel d'offres, à l'échéance de la délégation.

Reprocher à la Communauté de démanteler les services publics est contredit par ce que font les institutions européennes en s'efforçant de rendre ces services plus efficaces pour les citoyens. L'Union, en les ouvrant à la concurrence, a conduit les États membres à en améliorer fortement les prestations. Un des exemples frappants est l'ouverture des télécommunications qui a apporté à chaque foyer une large gamme de possibilités, intégrant tous les progrès de la technologie à des conditions économiques impensables il y a quelques années. Rappelons-nous les PTT français des années cinquante-soixante, époque où il fallait attendre plusieurs mois l'installation d'une ligne téléphonique, et où il n'y avait qu'un seul produit et un seul réseau.

Imaginer l'évolution des services publics jusqu'au milieu du XXIe siècle n'est pas plus facile que d'imaginer l'évolution de l'économie et de la société européenne jusqu'à cette date. Il y a cependant deux tendances qui émergent.

La première concerne les services publics régaliens, tels que la diplomatie, police, armée, justice. Au sein de l'Union, les coopérations entre ces services se multiplient d'État à État, les rendant à la fois moins onéreux lorsque deux ou plusieurs États en partagent les coûts (par exemple, dans une ambassade ou un consulat commun à l'étranger) et surtout plus efficaces par l'appui mutuel que se prêtent les États dans la diplomatie, la sécurité, la justice ou la défense. On peut imaginer qu'en 2050, nombre de postes diplomatiques seront communs à tous ou plusieurs États de l'Union et que les sièges dans les institutions internationales seront souvent occupés par un seul représentant, parlant pour l'Union. En matière de défense, les unités opérationnelles communes, dont existent quelques prototypes, devraient se multiplier et représenter une force d'intervention infiniment plus efficace que celles dont disposent aujourd'hui les États de l'Union. La mise en commun des budgets de recherche-développement et d'acquisition de matériel militaire permettrait à l'Union de limiter l'écart entre son équipement militaire et celui des États-Unis, et cela à coût constant. La coopération entre États dans l'Union a déjà démontré son efficacité dans la lutte contre le terrorisme, les crimes et délits de droit commun ou la délinquance financière. Les réunions régulières des fonctionnaires en charge de ces dossiers sont l'amorce de services communs, les procédures judiciaires continuant à être conduites devant les tribunaux nationaux. Coopérations entre services publics d'État, création de services communs tel qu'Europol pour les enquêtes de police ou Eurocontrol pour la circulation aérienne sont le signe que l'Union, loin de se désintéresser des services publics, leur assure au contraire une efficacité accrue. Demain se multiplieront de nouveaux services communs dans le domaine sanitaire ou en matière d'environnement, ces questions étant d'intérêt commun et ne pouvant être exercées que par des services publics qui normalisent et contrôlent. Ces nouveaux services nécessitent souvent une expertise technique et des moyens de recherche très onéreux. La Communauté est le cadre naturel pour les créer et les faire fonctionner.

La seconde tendance en train d'émerger est la délégation croissante des autres missions de service public à des contractants provenant de toute la Communauté, soumis à de stricts cahiers des charges et contrôlés par la puissance publique, nationale ou communautaire. À défaut, les entreprises publiques en charge de ces services et dont le capital restera dans les mains de l'État devront accepter la concurrence d'autres intervenants, soumis aux mêmes obligations de service public et aux mêmes contrôles. Ces choix étaient difficiles politiquement et techniquement. Ils ont été faits courageusement par la Communauté et les États. Ils ont conduit parfois à séparer infrastructures et opérateurs. Cela est vrai pour le réseau électrique ou ferroviaire comme dans les télécommunications ou les autoroutes.

Ce n'est donc pas une destruction ou un appauvrissement des services publics qu'a entrepris l'Union mais leur renforcement par l'augmentation du nombre des intervenants, par une plus grande rigueur du contrôle et par un meilleur service au citoyen grâce à l'existence de choix alternatifs.

Le domaine social est celui de la subsidiarité. Tout y invite, les traités, les décisions communautaires et le traité de Lisbonne, mais aussi l'essence de la démocratie et du fédéralisme. Les décisions en matière sociale, qu'elles résultent d'accords entre partenaires sociaux ou de lois et décrets, ne peuvent être adaptées à la réalité sociale que si elles sont prises au plus proche de ceux qu'elles concernent. C'est pourquoi dire que l'Union Européenne ne prend pas en compte les réalités sociales autant que la libre circulation des marchandises ou des capitaux, exprime un centralisme jacobin, particulièrement hasardeux dans le domaine social. L'Union peut fixer des minima et des normes en matière sociale, organiser des solidarités et encourager les échanges d'expérience les plus prometteurs.

Tout cela, elle l'a fait et c'est un plus pour chacun des pays de l'Union. Avec les années, sous la pression syndicale et politique, le choix des solutions les plus performantes sur le plan social vont se multiplier et conduire à un rapprochement et des réglementations sociales dans les pays de l'Union. Il faut espérer que ces rapprochements ne remettront pas en cause le principe de subsidiarité, c'est-à-dire le droit pour chaque pays et ses partenaires sociaux de conduire leur propre politique, dans un domaine qui touche aussi intimement à la vie quotidienne de chacun.

IX

LE RÔLE DE L'UNION DANS LE MONDE AU MILIEU DU XXIᴱ SIÈCLE

Jusqu'à ce jour les membres de l'Union ont conduit des actions diplomatiques et militaires le plus souvent indépendantes les unes des autres. Tel a été le cas lors des affrontements dans les Balkans, lors des guerres du Golfe et ou de l'Irak. Cette dispersion des politiques a enlevé sa crédibilité à l'Union dans le champ diplomatique et l'a réduite à être spectatrice impuissante ou sujette de la politique des États-Unis. Pour répondre à cette situation inacceptable dont elle portait seule la responsabilité, l'Union a choisi de mettre en place un représentant unique consacré dans le traité de Lisbonne en tant que président du conseil des ministres des affaires étrangères. Vice-président de la Commission, il parle au nom de l'Union dans les instances internationales et conduit les actions diplomatiques décidées en commun. Ce représentant unique a dû mettre en place un réseau de missions diplomatiques à travers le monde à partir des délégations déjà créées par la CEE. Il s'agit d'un premier pas mais pour quelle politique ?

Dans l'Union, trois courants s'affrontent : les atlantistes, les tenants d'une Union Européenne indépendante et les neutralistes, chacun des membres de l'Union cultivant un peu les trois attitudes, car les trois ont leur légitimité et participent de l'histoire et de la culture européenne. Mais quand une position commune doit être prise sous la pression des événements, les États ne parviennent pas à un consensus.

La légitimité de l'atlantisme est évidente à la fois sur le plan affectif et politique. Les États-Unis, libérateurs de l'Europe, remparts du monde libre contre les tentatives soviétiques depuis 1945, ont été des alliés exceptionnels pour les pays de l'Union et l'ultime espérance pour les pays de l'Est asservis. Il y a dans l'inconscient collectif européen la même empathie pour l'Amérique que celle qu'ont eue les États-Unis pour la France pour son appui dans la guerre d'indépendance. Les États-Unis, première puissance militaire du monde, représentent une garantie contre d'hypothétiques agressions et sont un gendarme puissant dans les conflits de la planète. S'écartant de la doctrine de Monröe, ils ont accepté de prendre en charge la paix dans le monde. Faute de moyens et parfois avec un lâche soulagement, les autres nations s'en remettent à ce grand frère, prêt à imposer une « pax américana », package compliqué d'idéologie, d'interventions armées, d'implantation de bases militaires stratégiques et de promotion des intérêts des firmes américaines. Ces dernières contreparties sont la compensation de l'argent public américain dépensé et du sang versé par les « marines ». Cet atlantisme s'incarne dans une coopération plus ou moins poussée des États européens avec les États-Unis, au sein de l'OTAN.

La seconde attitude est un indépendantisme engagé. Indépendantisme parce que sans renier ses alliances, l'Union Européenne doit choisir sa ligne, conforme à ses valeurs, ses convictions et ses intérêts, qui ne coïncide pas nécessairement avec celle de ses alliés. L'intervention au Koweït ou en Afghanistan a fait l'unanimité en Europe. Le débat sur l'Irak a profondément divisé les membres de l'Union. Par sa connaissance du Moyen-Orient et sa triste expérience des conséquences de la guerre, une partie de l'Union a souhaité privilégier jusqu'au bout une solution non-militaire. Il ne s'agit pas ici de se replier dans une position de neutralité mais de choisir ses engagements en toute indépendance.

Enfin le neutralisme, vieille attitude européenne, repose sur le principe de la renonciation à toute intervention armée contre un autre pays, sauf pour se défendre. Ce choix moral implique la renonciation à toute ingérence dans la politique des autres nations. L'Europe est le continent qui a le plus conceptualisé et appliqué ce principe de neutralité. À la fin de la Première Guerre mondiale, plusieurs pays, rejoignant la Suisse ont opté pour un statut de neutralité : Belgique, Suède, Finlande…, statut qui ne les a pas toujours protégés des invasions. Certains de ces pays sont restés neutres après la guerre, d'autres ont renoncé à ce statut. La neutralité pourrait être une position commune pour les Européens et résoudrait deux problèmes : l'allégement de leurs budgets militaires et la convergence de leurs politiques étrangères et de défense, dans une confortable absence d'engagement. Une telle option revient à s'abstenir de toute intervention autre qu'humanitaire dans la politique mondiale.

Ces débats entre atlantistes, indépendantistes et neutralistes ne sont pas surprenants au sein d'une Union en formation qui, jusqu'au traité d'Amsterdam, n'avait pas vocation à s'occuper de politique étrangère et de défense. À ce jour, à la lumière des relations internationales ont commencé les échanges entre États membres qui devraient permettre de faire progressivement converger les politiques. L'avenir des anciennes républiques de l'URSS, dont la Géorgie et l'Ukraine, l'Afghanistan, l'Irak, le terrorisme, le conflit palestinien, l'Afrique subsaharienne, l'immigration sont autant d'occasions de se concerter entre membres de l'Union et d'initier des actions communes.

Pour mesurer les chances d'édifier une politique étrangère communautaire, il faut se souvenir de la construction de la politique commerciale commune de la Communauté économique, aujourd'hui pleinement réalisée et efficace. En 1958, les politiques commerciales des pays de la CEE étaient aux antipodes les unes des autres, du protectionnisme le plus déterminé au libéralisme total, à zéro droit de douane et à zéro contingent, chacune des positions étant défendue farouchement au sein des instances communautaires. Un Comité, composé des responsables de la politique commerciale des États membres et prévu par le traité de Rome, a été mis en place dès 1958 et s'est réuni très souvent. Il a construit à coups de rapprochements et de compromis la politique commerciale de l'Union aujourd'hui reconnue et respectée dans le monde entier. Dans les pays tiers, les missions diplomatiques et commerciales des pays membres se sont réunies autour du représentant de la Commission et ont préparé, puis expliqué les décisions communautaires. L'objet de ces réunions dépassait d'ailleurs la politique commerciale puisqu'elles appuyaient la Commission dans la politique communautaire d'aide au développement, lorsqu'il y avait une telle aide. Elles permettaient d'échanger à cette occasion informations et positions des gouvernements sur la situation politique des pays tiers, commençant à préparer de facto l'élaboration d'une politique étrangère commune. Plus encore, le degré de confiance ainsi créé entre pays et la convergence des politiques et des intérêts ont incité certains États membres à fusionner dans certains pays tiers leurs missions diplomatiques ou consulaires.

Une politique étrangère de l'Union ne peut opter pour le neutralisme. Du fait de son poids politique et économique, il est impossible pour l'Union de se mettre en congé de diplomatie et de défense. Pour les petits pays, la neutralité peut être une meilleure protection contre les agressions extérieures qu'un effort militaire forcément limité. Encore faut-il que de grands pays et des organisations internationales, crédibles sur le plan militaire, se portent garants de cette neutralité. Mais l'Union Européenne est un trop grand acteur mondial pour pouvoir se réfugier dans cette posture. L'Union se doit de construire une politique étrangère et une défense communes, d'autant que les acteurs se multiplient sur la scène internationale. États-Unis et Russie sont toujours très actifs mais ils sont maintenant rejoints par la Chine et l'Inde auxquels se joindront demain de nouveaux partenaires majeurs – Argentine, Brésil, Mexique, Pakistan, Indonésie, Iran, Afrique du Sud...

L'Union Européenne a en fait, par petites touches, déjà défini les bases de ce que pourrait être sa politique étrangère : recherche systématique de solutions pacifiques en cas de conflit dans le monde, gestion durable des matières premières et protection de l'environnement, aide déterminée au développement, ouverture équilibrée des marchés, actions pour le désarmement et lutte contre le terrorisme et les génocides, enfin engagement pour la défense de la démocratie. Sans diplomatie et sans puissance militaire communes, la poursuite de tels objectifs n'est pas possible.

On pourrait rêver d'une géostratégie de l'Union faite d'un équilibre dans la coopération avec les continent américain et asiatique, d'un soutien privilégié au continent africain et d'une politique ferme et ouverte à l'égard des États musulmans. Mais l'accession à la puissance nucléaire de nouveaux États, le terrorisme, une crise économique et financière mondiale, la pénurie d'énergie ou de matières premières, les catastrophes naturelles, les pandémies, la disette alimentaire ou encore les changements de régime et de dirigeants dans un pays rendent fragiles ces stratégies. La chute du rideau de fer, les révolutions islamistes, le terrorisme ont pris de court toutes les diplomaties du monde et conduisent à une grande humilité.

Si la capacité économique de l'Union est incontestable et lui permet d'appuyer sa politique internationale, il n'en va pas de même de sa capacité militaire, sans commune mesure avec les formidables moyens des États-Unis aujourd'hui, et demain de la Chine et de l'Inde. Capable de riposter et d'intervenir de façon ponctuelle dans le monde, en particulier pour des actions humanitaires et la défense des droits de l'homme, l'Union ne dispose plus de la capacité d'imposer militairement à des États tiers la politique qu'elle aura décidée, et d'être le gendarme de la planète. Les grandes nations européennes ont joué ce rôle tout au long du XIXᵉ siècle et sur tous les continents. L'histoire reste à écrire sur le bien fondé et les résultats de ces interventions. Les capacités d'intervention limitées de l'Union et surtout son expérience historique lui dictent une conduite reposant non plus sur la force mais sur des principes qui lui conféreront l'autorité morale. Mais pour que l'autorité morale existe, la force doit être là. Le dialogue et la coopération avec les pays tiers devraient s'appuyer autant que faire se peut sur les organisations internationales existantes ou à créer, au premier rang desquelles l'ONU.

Le monde connaît quatre problèmes dont la gestion sera décisive pour sa survie.

Le premier concerne la pénurie des matières premières et la protection de l'environnement. À l'échelle de la planète, un nombre croissant de consommateurs légitimement désireux d'accéder au meilleur niveau de vie, vont devoir se répartir la pénurie des matières premières disponibles, notamment dans l'énergie fossile et les métaux, mais aussi les forêts, les ressources de la mer, l'eau potable et l'espace terrestre de plus en plus dévoré par les équipements collectifs et les habitations. L'Union n'est la mieux lotie ni en ressources naturelles ni en espace. D'autres pays rencontrent des difficultés beaucoup plus graves. Toutes ces demandes vont se cumuler et conduire inéluctablement à des conflits qui, pendant quelque temps, pourront être arbitrés par les marchés mais qui, à un moment peut-être proche où les limites physiques de production seront atteintes, conduiront à des affrontements si rudes entre nations que celles-ci devront choisir entre l'autorestriction et un contingentement imposé par la force. Une situation similaire existe pour la protection de l'environnement, où, faute d'une discipline consentie, la multiplication des catastrophes peut conduire à des conflits internationaux majeurs. Ce problème, sans doute plus que la libération des échanges, plus que les migrations des populations, plus que les conflits strictement politiques, risque de marquer le siècle qui vient.

En second lieu, le monde reste confronté au sous-développement d'une large partie de la planète. Il y a de lourds problèmes de développement en Amérique latine et en Asie, mais les pays de ces deux continents, avec l'aide de leurs voisins développés et de l'Union, progressent vers un niveau de vie plus décent. Il n'en va pas de même pour les pays du centre de l'Afrique qui connaissent l'un après l'autre des désastres économiques et humanitaires sans précédent. Pour pallier de telles catastrophes, seule une action de très grande ampleur avec des moyens bien supérieurs à ceux mobilisés jusqu'ici peut permettre de dépasser ce seuil critique au-dessous duquel il n'est pas possible d'accéder à l'autonomie du développement. Plus haut a été évoquée la mobilisation en hommes, en technologie et en capitaux de la Communauté. Par ses liens historiques et sa proximité géographique, celle-ci a une vocation évidente à intervenir à la demande et en concertation avec les États africains.

Le troisième problème concerne l'insertion dans le concert international de la Chine et l'Inde, deux immenses communautés milliardaires en habitants, que le sous-développement avait laissées en marge de l'histoire moderne pour l'Inde, ou qui s'était repliée sur elle-même pour la Chine. Ces deux communautés porteuses des deux plus vieilles civilisations humaines revendiquent aujourd'hui une place dans l'économie et la politique du monde à la mesure de leurs populations, de leurs histoires et de leurs succès économiques. L'émergence de pareils colosses est redoutable, non par une politique agressive de ces pays, mais par leur masse spécifique. Ces émergences sont déjà douloureuses pour leurs partenaires dans le domaine économique, qu'il s'agisse de la qualité et de l'abondance des services proposés par l'économie indienne ou de la montée en puissance des industries lourdes et de consommation chinoise. Ces deux pays représentent chacun entre deux et trois fois la population de l'Union. Ils pèsent déjà lourdement sur trois variables de l'économie mondiale : les marchés, les matières premières et l'environnement, perturbant les premiers, raréfiant les secondes et obligeant à repenser toute la politique de l'environnement. L'Union et ses membres ont entretenu depuis 1945 des relations positives avec ces deux pays. Le rôle de l'Union dans leur insertion dans la communauté internationale peut être déterminant et orienter les relations dans un sens constructif sur les problèmes mondiaux d'intérêt commun : commerce, développement, environnement, mais aussi gouvernance du monde, règlement des conflits régionaux et lutte contre le terrorisme. Il sera dur pour les leaders actuels du monde de céder les premières places à ces nouveaux venus. C'est pourtant ce que devront faire les Américains, l'Union Européenne, la Russie et le Japon dans les décennies qui viennent. Leurs premières places étaient liées à l'économie, à la puissance militaire et à la technologie. Dans ces trois domaines, leur suprématie disparaîtra. Demain la Chine et l'Inde seront à l'avant-garde du progrès scientifique dans tous les domaines. Leur puissance démographique leur permet de relever à peu près tous les défis. Ces pays connaîtront sans doute des crises et des conflits internes graves. Leur énorme potentiel industriel et scientifique les met cependant à l'abri d'effondrements comme en connaissent les pays où le développement économique repose sur des bases fragiles : pétrole, matières premières, agriculture... Ces deux nations disposent de la dissuasion nucléaire qui vient renforcer leurs exploits économiques et scientifiques. L'Union ne fait que découvrir la force de frappe financière et économique, services compris, de ces nouveaux pays. Dans un tel contexte, que pourrait peser chacun des membres de l'Union ? L'Union n'est plus une option dans cette nouvelle configuration. Elle est tout simplement, pour chacun de ses membres, le droit d'exister. Cela dit, quelle révolution pour le monde occidental ! L'Amérique du Nord et la Russie partageaient des valeurs encore familières avec les Européens, même si les dissensions politiques faisaient rage. Avec l'Inde et la Chine, il s'agit d'autres continents de la pensée, dont il va falloir apprendre la géographie conceptuelle. La mondialisation n'opérera plus dans le sens anglo-saxon. Cette émergence des deux civilisations asiatiques va conduire à des aventures géopolitiques totalement inédites jusqu'ici pour l'Europe. De centre du monde au XIXᵉ siècle, de puissance incontournable au XXᵉ siècle, l'Europe va devenir au XXIᵉ siècle cet appendice de l'Asie dont parlait Paul Valéry. De la construction de l'Union dépend que nous soyons objet ou sujet de l'histoire qui va s'écrire.

Le quatrième problème concerne l'embrasement du monde musulman à partir d'un fondamentalisme incompréhensible pour la pensée occidentale, car archaïque dans la lecture du Coran, intolérant à l'égard de toute exégèse différente ou plus moderne des textes du Prophète et d'une extrême agressivité à l'égard des nations non musulmanes sur la base de griefs qui les diabolisent les unes après les autres : matérialisme, colonialisme, sionisme... Si l'Union n'a pas encore le privilège d'être le plus grand Satan, ses membres sont une collection de petits diables qui méritent les pires châtiments, comme la France, l'Espagne et l'Angleterre en ont fait la douloureuse expérience. Le problème du fondamentalisme musulman n'est pas conjoncturel. Il n'a pas été possible jusqu'ici de le gérer par le dialogue ou la répression. Il concerne un très grand nombre d'États musulmans en Asie du Sud-Est, au Proche et Moyen-Orient et en Afrique, ce qui lui donne une dimension mondiale. L'efficacité de ce terrorisme repose sur trois piliers : l'argent, le fanatisme et le communautarisme. La moitié des réserves mondiales de pétrole et 40 % de la production pétrolière sont détenus par des nations musulmanes qui génèrent des flux financiers sans précédent dans l'histoire et permettent d'accéder à toutes les connaissances, tous les moyens matériels et toutes les consciences que l'on souhaite acheter. Le fanatisme permet de transgresser deux tabous, le suicide et la mise à mort d'innocents. Le communautarisme enfin porte, au cœur même des nations que l'islamisme veut châtier, des groupes plus ou moins nombreux mais qui sont les viviers efficaces du fanatisme. L'Union Européenne accueille les plus grandes communautés musulmanes, en dehors des pays musulmans. Des millions de musulmans participent à la vie des États membres de l'Union dont ils sont les citoyens. Si la très grande majorité d'entre eux rejettent fondamentalisme et terrorisme, ce sont cependant de ces communautés musulmanes allemande, belge, anglaise ou française, que sortent nombre des auteurs d'attentats. Compte tenu des enjeux immenses sur le plan sécuritaire mais aussi énergétique, l'Union doit définir les limites acceptables de la tolérance à l'intérieur de ses frontières. Elle doit établir des relations positives avec les États musulmans comme l'y invite toute son histoire, faite depuis cinq siècles de recherche d'une coopération diplomatique, économique et militaire avec eux. Elle doit enfin contribuer à toutes les solutions possibles pour le règlement du problème palestinien qui, s'il n'est pas la seule cause des conflits au Moyen-Orient, demeure l'incrimination constamment invoquée dans tous les affrontements. Devant l'Islamisme, existent des différences d'approche entre l'Union et les autres nations. Les stratégies d'État autour du pétrole comme les interventions militaires ne font pas partie a priori des fins et moyens de l'Union. Sa logique la conduit davantage à l'acceptation des spécificités de ces pays, fussent-elles non démocratiques, à l'assistance humanitaire, économique et administrative, et au respect des différences pour autant qu'elles ne conduisent pas au génocide. Cette tolérance qui n'est ni compromission, ni lâcheté, fut la sagesse de la vieille Europe et sera, il faut l'espérer, celle de la nouvelle.

Sur ces quatre problèmes essentiels et sur ceux de même ampleur qui surgiront nécessairement, le rôle de l'Union est irremplaçable. Plus que tout autre ensemble politique, elle est capable de proposer les solutions courageuses et désintéressées qui peuvent modifier profondément le sens de l'histoire. Les États de l'Union ne sont plus prisonniers d'un passé colonial, ils ne portent pas d'intérêts économiques dominants et contestés dans les pays en voie de développement, ils n'y sont engagés militairement que pour des objectifs humanitaires. Après tant d'aventures douloureuses, tant de défaites et d'échecs, les États de la Communauté sont enfin libérés de ce passé et capables de se consacrer sans ambiguïté à des missions de paix et de développement. Là est sans doute le vrai destin de l'Union.

X

UNION D'ÉTATS, CONFÉDÉRATION, FÉDÉRATION... ?

Débat compliqué car il mélange la sémantique, la politique et le droit. Les spécialistes d'une de ces branches ne sont sans doute pas d'accord avec leurs collègues des deux autres branches sur le sens de ces mots, pas plus que les collègues d'une même branche entre eux. Les dénominations utilisées sont souvent chargées d'un contenu affectif qui reflète les préférences de chacun plutôt que la description objective d'un système institutionnel.

Est-il fondé de mettre les États-Unis d'Amérique et l'Allemagne fédérale dans une même catégorie, étiquetée fédération ? Met-on l'Italie ou l'Espagne dans la catégorie des États fédéraux, dont ils relèvent par bien des côtés avec leurs provinces autonomes ? La Confédération des États de Russie et la Confédération helvétique, toutes deux confédérations de nom, sont deux fédérations qui ne partagent pas le même type de rapport entre leurs membres et le gouvernement central. Comment qualifier les structures politiques du Royaume Uni, du Canada, de l'Australie ou de l'Inde avec leurs provinces ou États plus ou moins autonomes ?

Chaque entité a construit son propre rapport entre parties constituantes et pouvoir central, répartissant les compétences selon des règles chaque fois spécifiques, définissant le mode de désignation et le pouvoir de l'autorité centrale selon une infinie variété de combinaisons. Un ensemble fédéralisant se caractérise seulement par le fait qu'il y a répartition des compétences entre plusieurs échelons territoriaux et un pouvoir central compétent dans certains domaines mais pas tous. Pour l'Union, cette répartition et l'organisation des pouvoirs défient toute comparaison avec des antécédents historiques. Quelques exemples. Une confédération, à plus forte raison une fédération, implique avant tout une armée et une diplomatie communes. Après soixante-deux ans de construction européenne, la défense et la diplomatie communes européennes sont en option, remises à la bonne volonté de chacun des États membres, ce qui voudrait dire que la Communauté n'est ni une fédération, ni une confédération. En revanche, les États membres, mais pas tous, ont créé une monnaie commune, acte parmi les plus importants de mise en commun de la souveraineté. Le marché commun tel que l'a organisé le traité de Rome a été sur certains points en avance sur la libre circulation économique au sein des États-Unis, fédération créée il y a 230 ans, où existaient encore récemment des frontières phytosanitaires entre États et où la liberté de prestation de service et d'établissement entre États est très récente pour certaines professions, telles que la banque et l'assurance.

Une autre distinction entre fédération et confédération est que la première repose sur une constitution et la seconde sur un traité. Mais la Suisse, qui a une constitution, se nomme Confédération.

Une confédération comporte un pouvoir central modeste qui se résume, par exemple pour la Suisse, à un président élu pour un an et à un Conseil confédéral de sept membres, désigné pour quatre ans par l'assemblée fédérale et dont les pouvoirs sont strictement limités. Dans la Communauté, les instances sont très structurées puisqu'elles comportent un Conseil Européen (de Chefs d'État) avec un président désigné pour trois ans par les États, un Conseil des ministres à présidence tournante tous les six mois, une Commission avec un vice-président désigné directement par le Conseil européen et en charge de la diplomatie, un Parlement, une Cour de Justice, un Comité économique et social et un Comité des régions.

Il est donc difficile de dire de quelle catégorie constitutionnelle relève l'Union. On pourrait penser que la Communauté est un cheminement de la Confédération vers la Fédération. Mais cela n'est pas exact. Plutôt fédération par ses fortes institutions et l'étendue de ses compétences économiques (la Communauté a beaucoup plus unifié la législation économique de ses membres que les États-Unis, le Canada ou l'Australie), l'Union serait aujourd'hui confédérale par l'absence de constitution.

La structure de la Communauté résulte d'une double évolution qui concerne aujourd'hui beaucoup d'États dans le monde : regroupement d'unités politiques indépendantes de dimensions moyennes ou modestes dans des ensembles plus vastes, mais aussi recherche de délégation des décisions au niveau approprié, c'est-à-dire par le recours à la subsidiarité. L'évolution de la France est à cet égard éclairante. Très centralisée jusqu'en 1952, elle a été à la fois à l'origine de la Communauté et dans le même temps a initié un long processus de décentralisation. Les tenants de l'État jacobin ont vécu cela comme un dépeçage de la nation. Ils refusent ces deux évolutions. Mais ce n'est pas un hasard si partout dans le monde, on assiste au regroupement volontaire, par affinités d'intérêts et de cultures, d'États à la recherche d'une dimension crédible sur le plan économique et politique. L'Union Européenne, pionnière, a fait des émules : pays latino-américains, Sud Est Asiatique, Union africaine…

L'autre évolution est la décentralisation des centres de décision dans les domaines où elle est plus efficace et démocratique qu'une gestion centrale. Cette régionalisation est aussi la réponse aux mouvements autonomistes qui se sont exprimés au lendemain de la Deuxième Guerre mondiale. Ont ainsi été créées les régions autonomes d'Italie et d'Espagne. Les alliés ont imposé en 1945 le régime des *Länder* à l'Allemagne, redevenue de ce fait fédérale. Plus tardivement et modestement, la France entamait son processus de décentralisation. La Belgique enfin, pour des raisons linguistiques, passait de l'État unitaire à une confédération qui ne dit pas son nom, scindée en trois régions de plus en plus autonomes, dotées chacune d'institutions fortes qui les apparentent à des cantons helvétiques ou à des *Länder* allemands.

Le fédéralisme a longtemps passé pour une doctrine bienveillante mais inefficace, réservée aux penseurs d'un monde utopique. Aujourd'hui, sans qu'on le dise, le fédéralisme devient le concept moderne d'organisation démocratique des pouvoirs, au sommet et à la base, faisant du regroupement et de l'autonomie les deux maîtres mots de l'évolution institutionnelle. Les fédéralistes étaient en avance de deux siècles.

Cela dit, si le processus de décision dans l'Union n'est ni opaque ni secret, il n'est pas non plus lisible pour les citoyens européens. À la question : qui décide quoi, seuls les spécialistes peuvent répondre. Le projet de constitution abandonné et le traité de Lisbonne qui lui a succédé ont eu pour ambition de clarifier les processus et de les rendre intelligibles. Il n'est pas sûr qu'ils y soient parvenus.

Le projet de constitution avait été le fruit d'un si grand concours de bonnes volontés et d'une croyance si fervente dans le caractère sacré de l'acte constitutionnel que chaque membre de la Convention, issu des institutions communautaires et des instances nationales, a voulu y inscrire non seulement les règles de fonctionnement institutionnel de l'Union, ce qui en était l'objet, mais aussi tous les principes et objectifs de l'Union Européenne auxquels il tenait, ainsi que leurs modalités de mise en œuvre qui découlent de l'acquis communautaire et de soixante-deux ans de réglementation européenne. Les constitutionnalistes diraient que ce texte mélangeait trois niveaux juridiques : une organisation institutionnelle, une charte des droits fondamentaux et enfin une codification de la réglementation communautaire. Ainsi a été bâti un texte de deux cent treize pages (éditions La Documentation française), plus long texte constitution-nel après la constitution indienne. L'adoption par référendum n'en était pas facilitée. Elle a échoué en France et aux Pays-Bas. Le traité de Lisbonne qui a pris la suite de ce projet, allégé de ses parties II et III (charte et co-dification), a été finalement adopté. Pour des raisons psychanalytiques, les symboles de l'Union (hymne et drapeau) ont disparu mais restent utilisés dans les faits. Le reste se retrouve à peu près identique.

Le système institutionnel actuel de l'Union est atypique et reflète un pragmatisme de type anglo-saxon. L'Union a construit un édifice institutionnel britannique – auquel la Grande-Bretagne n'a pas contribué –, un édifice qui a des règles tellement souples qu'on peut se demander si l'on peut encore évoquer à leur sujet une constitution. Mais, et c'est là que se situe le génie des fondateurs et leurs successeurs, ces règles inventives et réalistes permettent tout progrès dans tous les domaines vers l'objectif communautaire. Dans certains cas, cela se fait par des procédures communautaires claires et contraignantes. Dans les autres, la bonne volonté et la détermination politique sont les moteurs, jusqu'au jour où il apparaît que ces domaines de coopération doivent devenir communautaires pour la survie de l'Union.

Voter le projet de constitution eut été une consécration de l'œuvre accomplie depuis soixante-deux ans, une extension des méthodes communautaires à de nouveaux domaines et un plus pour la démocratie des institutions communautaires. Heureusement le traité de Lisbonne reprend l'essentiel de ce projet.

XI

LE BÉBÉ
ET L'EAU DU BAIN

Depuis ses débuts, la construction de l'Union n'a été ni évidente, ni facile. Les crises ont été multiples, les conflits d'intérêt nombreux. L'adhésion d'un nouveau membre, la fixation d'un droit de douane, une négociation commerciale, la répartition des aides communautaires, la détermination d'un taux de TVA, la fixation des prix agricoles, le montant du budget de l'Union ou la contribution des États membres mettent en jeu des intérêts concrets et importants. Ils sont autant de sujets qui peuvent fâcher. Chaque année, l'adoption du budget communautaire donnait lieu à des drames, avec un scénario bien rodé : rejet, fâcheries, renvoi de la décision, décalage du calendrier et marathon final d'une durée de dix à vingt-quatre heures. Pour échapper à cette épreuve, le Conseil européen a sagement opté pour des budgets pluriannuels de cinq à sept ans, ce qui en principe ne cause plus qu'un drame quinquennal ou septennal.

Les crises les plus graves naissent des questions politiques ou institutionnelles qui, à plusieurs reprises, ont rudement ébranlé l'édifice communautaire, par exemple le rejet de la Communauté européenne de défense par le parlement français en 1954, le rejet en 1962 par les cinq autres États membres du plan Fouchet proposé par la France sur l'organisation politique de la Communauté, l'arrêt unilatéral par le Général de

Gaulle en 1963 de la négociation pour l'entrée de la Grande Bretagne dans la CEE, la crise de la chaise vide en 1965 due au retrait de la France du Conseil de la CEE à la suite du conflit avec la Commission et les autres États membres sur les ressources propres et les pouvoirs du parlement européen, les fortes divergences sur la guerre civile des Balkans en 1995, l'adhésion à la position américaine lors du déclenchement de la guerre d'Irak en 2002, les non des référendums français et hollandais sur le projet de Constitution en 2005, ou le non irlandais au traité de Lisbonne en 2008. Comme cette liste le montre, la France porte sa part dans l'origine des crises communautaires.

Devant tant de conflits, on serait tenté de dire, dans un mauvais jeu de mots, que la Communauté est un moteur à explosion qui n'avance qu'à coup de crises. Cela n'est pas faux, car les questions de principe et les intérêts sont si lourds que de tous côtés, l'on va jusqu'au bout de la négociation, c'est-à-dire jusqu'au bord de la rupture, mais pas au-delà. Chacun connaît le proverbe allemand : « ne pas jeter le bébé avec l'eau du bain ». La différence entre discussions intergouvernementales et discussions communautaires est que dans l'Union, on ne jette pas le bébé. Et pourtant beaucoup de ces crises ont été dures et les limites du compromis paraissaient avoir été franchies. Finalement la sagesse l'a emporté, les sacrifices acceptés, les blessures d'amour-propre surmontées.

La Communauté dispose de deux outils pour l'aider à sortir de ses conflits internes. Le premier est la Cour de Justice de Luxembourg qui, comme tous les tribunaux, a pour mission de dire l'équité et de permettre à chacun de s'incliner, honneur sauf, devant une décision qui relève d'une tierce autorité et n'est pas une capitulation. Le second est la Commission qui, indépendante et n'étant inféodée à aucun intérêt national, peut permettre à chacun de se rallier à un compromis qui ne satisfait personne mais apporte à chacun son lot de compensations.

Les crises les plus graves sont évidemment celles où la Cour de Justice n'est pas compétente et où la Commission est récusée. Tel a été le cas de la crise de la chaise vide où le conflit était directement entre un pays, la France, et la Commission. La France ne voulait pas accepter l'augmentation des pouvoirs du Parlement figurant dans la proposition de la Commission sur les ressources propres. Elle voulait également faire modifier les dispositions sur le vote à la majorité au sein du Conseil. Elle a donc quitté le Conseil des ministres. La sortie de crise a été longue (six mois) et difficile. Il fallait trouver une solution hors institutions à une crise institutionnelle. Plusieurs pays membres se sont entremis entre la France et la Commission. Le compromis de Luxembourg a pu voir le jour. Les autres États membres ne voulaient pas changer les traités. Un protocole intergouvernemental a été rédigé, où étaient codifiées des pratiques de bonne conduite qui, pour la plupart, étaient déjà appliquées, telles que la non-mise en minorité d'un État membre lorsque la décision concernée portait atteinte à un de ses intérêts vitaux. L'accord de Luxembourg, sans changer le fonctionnement de l'Union, a montré la capacité d'imagination des protagonistes pour sortir d'une crise insoluble et inventer un compromis qui ne donnait rien à personne mais sauvait la face de tous.

L'Union est une affaire trop grave pour faire dépendre son avenir de pertes de sang-froid, de sautes d'humeur, de points d'honneur, ou même de conflits d'intérêt ou d'affrontements politiques. L'Union n'a été qu'une suite de difficiles compromis qui, en décevant souvent les négociateurs, ont permis d'avancer vers le bien commun. Dans la recherche de ces compromis, le rôle de la Commission a été irremplaçable, car elle seule pouvait dire où était l'intérêt général de l'Union à la lumière des affrontements auxquels elle avait assisté, mais où elle n'était pas parti, et où, impartiale, elle pouvait proposer le compromis.

Dans l'Union, sauf à la mettre en péril, il n'est pas possible de refuser le dialogue et de repousser un compromis à peu près acceptable, en défendant jusqu'au bout une position que les partenaires ne peuvent accepter. L'Union est une école d'humilité, de tolérance et de démocratie. Les crises y ont lieu sur des sujets sérieux et elles ne peuvent pas ne pas être surmontées. L'affirmation qu'il n'y a qu'une seule solution, qu'une position doit être défendue jusqu'au bout pour des raisons de doctrine, que des promesses ont été faites à l'opinion publique d'obtenir tel résultat, n'est pas pertinente dans l'Union. Une solution peut toujours être trouvée, mais elle n'est jamais tout à fait celle que préconisait l'un ou l'autre État membre ou même le Parlement ou la Commission qui, souvent, reconsidèrent leurs propositions. La décision communautaire est réellement collective et ne pouvant satisfaire chacun, se cale finalement sur le bien commun de l'Union, seule porte de sortie acceptable par tous. La survie et le progrès de l'Union sont des objectifs qui surpassent tous les intérêts et tous les conflits.

Il faut encore parler de deux autres types de crises. Le premier est la participation au gouvernement d'un État membre d'un parti dont le caractère démocratique est contesté. Deux fois déjà dans la vie de l'Union se sont produites de telles situations, en Italie avec l'accès au gouvernement de La Ligue du Nord en 2000, et, en 2001 en Autriche, avec l'accession au pouvoir du parti libéral FPÖ. Dans les deux cas, cette accession s'est faite de manière démocratique, ce qui ne permet pas de récuser la légitimité du gouvernement en cause mais ne supprime pas les appréhensions des autres États membres. Par une série de signaux, ces autres États membres ont montré leur désaccord ou leur vigilance sur les programmes des leaders contestés. De franchement tendues au début, les relations au sein de la Communauté sont redevenues peu à peu normales, sinon chaleureuses, chacun mettant de l'eau dans son vin et, sans renier ses convictions, acceptant de participer à la vie et à la gestion de l'Union. Les grandes déclarations de part et d'autre ont été abandonnées mais pas la vigilance sur les principes fondateurs de l'Union. La Communauté a ainsi servi de garde-fou contre des dérives redoutables.

Le second type de crise concerne le dérèglement de certains mécanismes communautaires, compliqués à remettre en route lorsqu'il y a eu interruption. L'affaire de la chaise vide avait déjà posé des problèmes de relance très difficiles. Les référendums négatifs de la France et de la Hollande en 2005 ont fait naître également de sérieuses difficultés car le rejet du projet de Constitution concernait des partenaires beaucoup plus nombreux (vingt-sept au lieu de six). Comment refaire ce si long parcours de quatre ans dans lequel s'étaient totalement engagés partis politiques, parlements et gouvernements nationaux, institutions communautaires, tous convaincus du bien fondé de la démarche et de l'utilité du texte proposé, et tous désavoués dans deux pays par leur corps électoral ?

Une fois de plus, sagesse et créativité ont permis de sortir de l'impasse. Trois attitudes paraissaient possibles au lendemain de l'échec du projet de Constitution. La première était l'attentisme, le gel du processus jusqu'à ce que les esprits soient suffisamment mûrs pour que les dispositions du projet de Constitution deviennent une évidence et même une nécessité, invitant à la reprise du processus de ratification pour permettre le bon fonctionnement de la Communauté à vingt-sept. La seconde consistait à dissocier des deux autres parties la partie I, seule réellement constitutionnelle, et à relancer un processus d'adoption pour cette seule partie, les deux autres ayant déjà été adoptées par des traités et des décisions communautaires. Il serait toujours temps de reprendre le travail de codification qui concerne la partie III. La troisième voie aurait été, comme cela a déjà été fait plusieurs fois dans le passé, de confier à un petit groupe de sages européens le soin d'amender et de compléter un projet de texte. Cette voie, la plus risquée, aurait permis l'élimination de certaines dispositions sur lesquelles un doute subsiste (mode de désignation et composition de la Commission par exemple), ou l'adjonction de dispositions nécessaires pour répondre à des problèmes qui n'avaient pas été pris en compte.

Ce fut finalement la seconde voie, la plus simple, qui fut choisie et adoptée par les États membres. Seule subsiste la partie I. L'essentiel de ce qui avait été convenu par la Convention et les gouvernements dans le projet de Constitution a été conservé. Il a ainsi été donnée satisfaction à ceux qui voulaient des changements comme à ceux qui voulaient main-tenir le texte antérieur.

Dans les décennies qui viennent, l'Union connaîtra inévitablement de nouvelles et surement rudes crises. Les disciplines communautaires, nécessaires à la solidité de l'édifice, ne sont pas toujours comprises et acceptées par les opinions publiques, qu'il s'agisse du contrôle du déficit budgétaire, du taux d'endettement ou de la compétitivité de l'économie. Les facilités que se permettaient les États membres avant l'instauration de la Communauté et en particulier de l'euro, ne sont plus possibles désormais sans ébranler l'ensemble de l'Union. La recherche de positions communes sur les questions de politique internationale, la coopération avec les États-Unis, les politiques à mener face aux menaces islamiques, les combats pour la défense de la démocratie dans les pays où elle est menacée, l'aide au développement, l'environnement et le partage des matières premières sont autant de questions très difficiles qui, chacune, peut entraîner des conflits graves entre États membres. On peut légitimement espérer que l'Union dégagera chaque jour un peu plus, par dialogue et compromis, une vue commune sur toutes ces questions, que les États membres auront le courage de préférer le bien communautaire aux positions ou intérêts nationaux, et que les procédures de gestion des crises ne cesseront de se perfectionner pour que, jamais, la survie de la Communauté ne soit mise en jeu.

XII

ESQUISSE D'UNE UNION EUROPÉENNE AU MILIEU DU XXIᴱ SIÈCLE

Pour tenter de mesurer les changements qui s'opéreront dans le demi-siècle qui vient, on peut se reporter soixante-cinq ans en arrière, dans les années cinquante. Les pays de l'Union étaient démunis, ruinés par la guerre, mais également pauvres parce que la vraie croissance n'interviendra pour eux qu'à partir des années 1960. Un quart de la population active travaillait dans l'agriculture. Les services, autres que les services publics et financiers et les services à la personne, étaient balbutiants. La moitié des États de l'Europe étaient en « démocratie populaire ». Les médias étaient puissants mais peu diversifiés. Seulement 10 à 15 % de la population accédait à l'enseignement supérieur. L'espérance de vie était de soixante-cinq ans. Du fait des visas et du contrôle des changes, peu de personnes voyageaient pour affaires ou tourisme. Les échanges commerciaux entre pays européens et avec les autres pays du monde étaient variables d'un pays à l'autre, assez forts dans l'Europe du Nord, très modestes dans l'Europe du Sud. En Europe, il y avait peu de voitures, d'électroménager et de télécommunications. Si les Européens découvraient le progrès grâce aux États-Unis, leur horizon était, à quelques exceptions près, national ou plutôt régional, voire municipal.

Les évolutions intervenues en soixante-cinq ans ont été immenses. Continueront-elles à ce rythme dans le demi-siècle qui vient ? Les générations qui les ont conduites ont été dynamiques et courageuses. On pourrait être tenté de dire que dans la voie de la modernisation, le plus gros a été fait, que l'ouverture sur le monde est maintenant accomplie, que les progrès technologiques majeurs sont intervenus et que l'économie européenne, un peu épuisée par ce marathon, entre dans une phase d'ajustements, voire de recul pour des raisons d'environnement. Tous les éléments sont cependant réunis pour qu'il n'en soit pas ainsi.

Si elle ne se consume pas dans une troisième guerre mondiale, l'Europe, dans son ensemble, va connaître par accumulation des moyens de toutes sortes une croissance encore plus exceptionnelle que celle des soixante dernières années et disposer de capacités jusqu'ici inconnues en hommes, en moyens financiers et en technologies, pour affronter ses problèmes et assouvir ses espoirs dans tous les domaines : éducation, consommation, santé, urbanisme, justice sociale, technologies, culture, exploration spatiale...

Alors devant ces perspectives brillantes, pourquoi ces peurs qui minent le moral des peuples de l'Union et les découragent d'entreprendre ? Peur du déclin, peur d'être dominés, peur des catastrophes naturelles et sanitaires sont les leitmotivs des médias et des discours politiques.

En préambule, deux remarques doivent être faites. Ces menaces à l'origine de nos peurs ne sont pas nouvelles et elles ont pesé sur l'Europe depuis son origine. À aucun moment de leur histoire, les Européens n'ont disposé de moyens aussi puissants pour les maîtriser.

Si l'on reprend chacune d'elle, il faut constater que la peur du déclin aurait dû se situer il y a soixante-dix ans. Le vrai déclin – il n'était pas alors perçu comme tel – était dans les années 1945/1950 par rapport au début du siècle et par rapport aux États-Unis et à l'URSS. Depuis, il s'est estompé, puis inversé pour devenir un magnifique retour de l'Europe sur la scène mondiale. Le déclin est une notion subjective. Le déclin absolu, c'est-à-dire le recul prolongé des indices qui mesurent une économie ou une société, aucun État d'Europe occidentale ne l'a connu depuis la Deuxième Guerre mondiale. Le déclin relatif qui compare les évolutions des pays dans leur développement économique et social, n'est pas du tout évident pour les pays de l'Union face à leurs principaux challengers, États-Unis, Japon ou Russie. La croissance américaine, pour brillante qu'elle soit sur le long terme, est fondée d'abord sur le quantitatif et l'endettement. Elle permet à de plus en plus de personnes d'accéder à de plus en plus de biens. Elle repose sur des entreprises très performantes et une technologie d'avant-garde. Il n'est pas certain qu'au vu des critères qualitatifs, la civilisation américaine creuse l'écart avec la civilisation européenne. On peut en effet discuter les vrais critères de la qualité de vie : environnement, durée du travail, système de santé et de retraite, qualité de l'enseignement, culture… S'il est un domaine où l'Amérique creuse l'écart dans le domaine qualitatif, c'est par l'adhésion de ses citoyens à une même communauté et l'optimisme qu'engendre cette adhésion à une Union choisie, admirée et aimée. Ce sentiment de déclin chez les Européens vient d'un double doute vis-à-vis de leur nation qui se débat dans des problèmes qu'elle ne parvient plus à régler, et vis-à-vis de l'Union qui pourrait les régler, mais en laquelle ils ne croient pas encore. La compétition avec le Japon et la Russie est beaucoup moins sensible, car avec le Japon, sauf dans le domaine automobile et électronique, l'Europe, différente dans sa civilisation, ne se sent pas réellement en position de déclin. Avec la Russie, y a-t-il une vraie compétition ? Les pays émergents, Inde et Chine, mais aussi Brésil, Argentine, Afrique du Sud, Iran… vont être demain des challengers brillants. Le rattrapage de leur retard ne peut cependant être vu comme le déclin de l'Europe.

Cela amène à une deuxième peur, celle d'être dominé. Comme il a été dit plus haut, le siècle prochain verra le reclassement des nations dans l'échelle de la puissance et de la richesse. Mais là encore, la peur n'a pas de fondement dans la mesure où la richesse des uns ne fait pas la pauvreté des autres. Dans une économie mondialisée, c'est même l'inverse qui se produit, le développement de nouveaux pays entraînant nécessairement une demande forte dans de nombreux domaines au bénéfice des nations économiquement avancées. La notion de domination est, elle aussi, subjective quand elle n'a pas pour conséquence l'assujettissement de la nation « dominée ». Dans ce dernier cas, que cet assujettissement prenne la forme d'envahissement, de protectorat ou de forte dépendance économique, il y a effectivement une perte de liberté qui atteint l'ensemble de la nation et chaque citoyen. À part l'Angleterre, tous les pays européens ont à un moment ou à un autre de leur histoire, en particulier lors de la dernière guerre mondiale, connu cette servitude considérée comme le pire destin d'une communauté humaine. La construction de l'Union Européenne a eu comme premier objectif d'empêcher que renaissent de telles servitudes, et sa structure fédérale, sa pratique de la démocratie, sa dimension protègent ses membres de cette perte de la liberté qui hantait déjà les cités de la Grèce antique. L'autre domination, celle du classement, le fait de ne plus se trouver dans le peloton de tête pour le PIB, le commerce, la monnaie ou la population, appartient à ces fausses angoisses qui habitent les nations européennes, habituées depuis des siècles à être les premières. En face de la Chine et de l'Inde, il est sûr que dans une ou deux décennies, sauf implosion intérieure de ces pays, l'Union sera « dominée » par ces gigantesques nations, mais il ne dépend que d'elle que sa liberté, son haut niveau de développement, sa richesse intellectuelle, sa qualité de vie soient préservés et deviennent un idéal pour les autres pays, même les plus grands.

Une troisième peur qui habite les Européens plus que les autres peuples est la terreur des catastrophes de toute nature qui visitent notre planète, qu'il s'agisse des pandémies ou des désastres écologiques. Pourtant dans ce registre, l'Europe est privilégiée car sa position géographique lui épargne les tsunamis, cyclones et autres typhons ainsi que beaucoup de tremblements de terre. L'Union connaîtra d'autres canicules, un tremblement de terre pourra détruire les villes de la Méditerranée, la sécheresse ou la montée des océans la concerneront autant que les autres régions du monde. Mais l'Europe semble avoir épuisé sa capacité de résistance dans les deux guerres mondiales. La compassion et la précaution occupent tout l'espace public, ne laissant que peu de marge aux messages d'espoir et à la faculté de rebondissement devant les épreuves que connaît l'humanité. Plutôt que de prévenir et de rebâtir, elle recherche des responsables fautifs dans une démarche répressive parfois injuste, alors qu'elle dispose de moyens exceptionnels pour prévoir, prévenir et réparer ces désastres et redonner espoir à ses citoyens.

Deux désastres pourraient cependant anéantir l'Union. Le premier serait une guerre extérieure, peut-être atomique. Mais là encore, son destin est entre ses mains car, en se fédérant dans l'Union, les nations européennes se sont munies de deux moyens de prévention qui étaient inaccessibles à chacune d'elle : une diplomatie plus efficace et crédible, et une force militaire incontournable, dotée déjà de la dissuasion nucléaire par deux de ses membres et équipée demain d'une armée et d'un armement bien plus opérationnels qu'aujourd'hui. Le second désastre serait une guerre civile dont il est difficile de déterminer aujourd'hui l'origine et les contours, mais qui serait l'échec absolu de l'Union, reniant les libertés, la tolérance et les voies de recours qui sont les fondements de la construction européenne.

L'analyse positive – trop positive diront ceux qui contestent les bienfaits de la construction européenne – de l'évolution de l'Union depuis sa création laisse entrevoir à cinquante ans une société progressant vers une organisation et une civilisation toujours meilleures. Rien n'interdit de penser que cette évolution souhaitable est aussi probable. Un certain nombre de problèmes et de drames ont été conjurés, qui ont pesé très lourd sur le destin de l'Europe.

Le premier est la guerre, cette guerre à répétition qui a ravagé le continent. Soixante-dix ans de paix depuis 1945 est une durée que nos pays
n'avaient jamais connue dans les temps modernes Cette période de paix a
permis de porter nos économies à un niveau jamais atteint dans l'histoire,
de développer l'accès à l'enseignement secondaire et, pour la majorité de
la population, d'assurer contre le chômage, la maladie et la vieillesse un
niveau de protection et de solidarité que l'on peut souhaiter encore plus
élevé, mais qui représente pour la très grande majorité des citoyens la
protection la plus généreuse du monde ; enfin, de développer une politique
de la culture accessible à tous que l'Europe n'avait jamais connue.

Autre fléau qui n'habite plus que marginalement les pays européens :
le nationalisme. Le nationalisme a contaminé deux siècles de leur histoire,
empêchant le respect et l'estime mutuels, rendant impossibles de vrais
échanges intellectuels et affectifs, bloquant la tolérance et l'acceptation
de la diversité, suscitant à tout propos méfiance, jalousie ou haine, dégra-
dant la pensée et l'art, biaisant la science. Avec la fin des nationalismes
s'est ouverte une période d'échanges, porteurs d'enrichissements réci-
proques dont il est encore difficile de mesurer toute la fécondité.

Enfin les pays européens ont conjuré la colonisation, drame dont ils
avaient pris l'initiative. Les relations inégales, imposées par la force, fussent-
elles motivées par des idées généreuses, fussent-elles source de progrès et
de développement pour les pays colonisés, fussent-elles peut-être, tout
compte fait, au détriment économique des puissances colonisatrices, ont
laissé, de part et d'autre, des traumatismes si graves que le temps ne les a
toujours pas effacés. Presque tous les pays européens furent colonisateurs.
Ils ont mis un terme à ces aventures plus ou moins tôt, de gré ou de force,
après des conflits souvent dramatiques, rendant à nouveau possibles des
relations de confiance et d'estime avec ces pays qui ont partagé leur destin
pendant de longues années. L'Union a repris dans le traité de Rome en
1958 ces relations, en les transposant en coopération économique et en

assistance technique et financière multilatérales, sur la base de traités librement négociés avec ces peuples redevenus souverains. Ce schéma est nouveau. D'autres grands ensembles sont restés dans une logique impériale, la Chine vis-à-vis de certaines de ses provinces frontalières, la Russie qui malgré la Communauté des États Indépendants, n'accorde à ces États qu'une indépendance de façade, les États-Unis enfin qui procèdent dans le monde à des interventions qu'il leur faut ensuite gérer comme un problème colonial. L'Union quant à elle peut maintenant proposer à ses partenaires des solutions de coopération inspirées de sa propre expérience.

Enfin, pendant cinquante ou quatre-vingts ans selon les cas, certains États de l'Est de l'Europe, aujourd'hui adhérents ou candidats à l'Union, se sont trouvés en situation de sujétion coloniale sous la férule de l'URSS. Tel est le dernier malheur, qui a frappé l'Europe, la déchirant par le rideau de fer et asservissant un grand nombre de ses citoyens dans leurs corps et leurs esprits. Depuis des siècles, il y a toujours eu en Europe des États assujettis à d'autres États européens et qui, n'ayant pas choisi cette situation de sujétion, souhaitaient en sortir le plus vite possible et à n'importe quel prix. Cette situation, humainement dramatique et politiquement instable, a trouvé son terme avec la fin du rideau de fer et après les conflits des Balkans, même si les imbrications ethniques ou religieuses n'ont pas permis d'éradiquer tous les conflits territoriaux.

Aujourd'hui l'Union Européenne est une union choisie d'États libres, ayant en main leur destinée politique et économique, dont ils ont conquis la maîtrise en construisant l'Union.

Il s'agit là d'une situation jusqu'ici inconnue de l'Europe qui, ajoutée à son désengagement colonial, en fait un ensemble politique unique au monde qui ne connaît plus de conflit, ni intérieur, ni extérieur, exception faite d'interventions ponctuelles à la demande des organisations internationales. La Suisse fut un modèle de cette sagesse. Mais l'Union devait conjurer des démons si familiers qu'ils paraissaient faire partie des gênes européens.

On parle beaucoup du déclin de l'Europe, de sa marginalisation, de son incapacité à affronter les défis du XXIe siècle. Mais pour qui regarde lucidement les cartes que détient l'Union, elle possède à la fois la démocratie, la paix en son sein et avec le monde, un des plus hauts niveaux de développement économique de la planète, des infrastructures et des entreprises remarquables et des systèmes éducatifs et de recherche parmi les meilleurs, aptes à affronter les défis de l'avenir. S'il était donné aux citoyens des autres pays du monde de choisir à la fois le système politique le plus souhaitable, le meilleur environnement économique et social et la qualité de vie la plus élevée, l'Union serait souvent l'objet de ce choix, et d'ailleurs elle l'est, quel que soit le continent d'origine de ceux qui le font. Il est possible de dire que, finalement, seule l'Europe est totalement disponible pour les plus grandes missions. À elle de les définir et de les conduire.

Ceci amène à la question centrale : pour quoi l'Europe ? Non pas pourquoi il faut la faire, car cela est évident pour des raisons de survie des nations qui la composent. Mais quelles missions, quelles ambitions lui donner dans le siècle qui vient ?

La première ambition est bien sûr l'amélioration de son économie et des bénéfices sociaux qui en découlent pour tous. Cette ambition est celle de tous les ensembles politiques du monde. Sans Union, les grands projets industriels ou d'infrastructure seraient beaucoup plus incertains. Sans Union, les coopérations scientifiques nécessaires pour préparer l'avenir technologique de nos pays et même du monde (recherches biomédicales, recherches nucléaires fondamentales, grands programmes spatiaux, études de géophysique...) seront infiniment plus compliquées.

Malgré les rapprochements nombreux d'entreprises à l'intérieur de l'Union, nous n'en sommes encore qu'aux prémisses des synergies potentielles qui existent à tous les niveaux entre les entreprises de l'Union : sous-traitance, coopérations industrielles, technologiques et commerciales, participations croisées, rachats, fusions... Une Communauté de plus de vingt millions d'entreprises offre une opportunité accrue de rencontres entre universités, centres de recherche, brevets, capitaux, réseaux commerciaux, managers, collaborateurs, opportunité qui en renforçant les entreprises permet d'espérer une forte hausse de l'activité économique européenne, une croissance continue du niveau de vie et l'amélioration des conditions sociales de chacun, apportant enfin des réponses aux difficultés lancinantes du logement, du chômage et de la protection sociale. Il n'y a pas de raison que les cinquante prochaines années ne nous apportent pas autant que les cinquante dernières, c'est-à-dire un immense progrès dans tous les domaines.

L'enjeu de l'Union n'est cependant pas principalement dans le développement économique et social. Il est dans la réalisation d'un certain nombre d'idéaux qui seuls pourront lui donner une âme. Ils apporteront à chacun la fierté d'appartenir à un tel ensemble. L'Europe, comme les autres nations, a besoin d'objectifs ambitieux pour ne pas s'ennuyer et se défaire.

Le premier de ces objectifs est sans nul doute un exercice enrichi de la démocratie, au niveau de l'Union mais aussi des États, des régions et des villes, dans des compétences redessinées par la subsidiarité. La démocratie est une aventure passionnante encore peu pratiquée dans beaucoup de pays de l'Union et notamment en France. Pour ceux qui veulent s'investir, il y a un champ de créativité et un mode de dévouement à la cause publique que nos pratiques ne permettent pas actuellement. Comme cela a été dit plus haut, nous vivons aujourd'hui dans certains pays plus sur une démocratie de délégation que de participation, stérilisant un très grand nombre de potentialités, qu'il s'agisse des idées innovantes qui peuvent émaner de chaque citoyen ou des formidables énergies inemployées prêtes à s'investir dans le bien commun. L'Union, avec ses étages de décision découlant de la subsidiarité, devrait offrir une large gamme de possibilités d'engagements et nous conduire à pratiquer une autre démocratie, plus diversifiée, plus gratifiante et plus efficace que la seule participation aux élections tous les quatre ou cinq ans. Ainsi, dans l'Union Européenne de demain devraient surgir de nouveaux modes de gestion. L'échange d'expériences est aussi bénéfique dans la politique que dans toutes les activités. Elle ne se pratique aujourd'hui entre nations européennes qu'à doses mesurées, centrés que nous sommes sur nos propres débats et les luttes de pouvoir internes. Demain l'Union nous offrira un choix politique beaucoup plus ouvert dans les débats, dans les solutions ou dans les leaders.

Depuis les débuts de l'Union, *leadership* désigne l'influence dominante d'un ou de plusieurs pays sur la conduite de la Communauté. Chacun a en tête le *leadership* franco-allemand qui fut pendant de longues années et reste encore aujourd'hui le moteur de l'Union. Mais d'autres pays leaders sont en train d'apparaître. Dans l'Union, le *leadership* « national » est mal vécu car il suppose qu'il y a des États « leaders » et des États « suiveurs ». Du côté des États « suiveurs », la frustration engendre souvent le blocage. Dans la démocratie de demain, il ne devrait plus y avoir des membres de première et de seconde catégorie mais un dialogue à égalité entre tous, dans la recherche du bien commun. On constate d'ailleurs aujourd'hui que le *leadership* qui était celui des États commence à être exercé par les partis européens mais aussi par des personnalités qui s'affirment dans les institutions de la Communauté et font l'objet d'une reconnaissance dans tous les pays membres. C'est autour de ces personnes, des partis et des idées qu'ils incarnent que se cristallisera une autorité qui ne devra plus rien à la nationalité.

Peu importe leur pays d'origine, les institutions européennes permettent à des hommes d'État européen de se révéler. Ces hommes sont rares. Les compétences et l'ampleur de la tâche ne laissent que peu de place à des considérations nationales.

Le deuxième objectif de l'Europe doit demeurer l'aventure scientifique. L'Europe est son territoire privilégié depuis l'Antiquité. La majorité des découvertes qui ont permis les progrès de l'humanité lui est due. Aujourd'hui, même si les prix Nobel, souvent d'origine européenne, sont très nombreux aux États-Unis d'Amérique, les potentialités scientifiques de l'Union sont immenses et dans tous les domaines. Elles sont dispersées, souvent dépourvues de moyens financiers et humains suffisants, mal connectées avec les acteurs du développement industriel. Mais dès qu'elles se réunissent et trouvent les synergies nécessaires, elles sont capables des plus grandes avancées. Les efforts d'investissement dans les universités et les centres de recherche restent prioritaires et sont les garants de l'avenir. Les synergies entre programmes, équipes et investissements sont avant tout un problème de choix politiques et d'organisation managériale. Dans l'Europe de demain, la fonction politique la plus stratégique sera celle qui pilotera l'organisation scientifique. Ainsi l'Union pourra maintenir son niveau dans de très nombreux domaines tels les mathématiques, la biologie, la médecine, la physique et la chimie, l'agriculture, l'aéronautique… mais elle pourra aussi rejoindre les leaders mondiaux dans le domaine spatial, électronique ou informatique, où son retard s'accentue. L'Union détient tous les moyens d'un exceptionnel développement scientifique. Elle doit y croire, le vouloir et le faire.

Enfin, peut-être plus qu'aucune autre contrée du monde, l'Union vit par la culture : patrimoine, philosophie, littérature, musique, arts graphiques et plastiques, histoire sont une partie de son âme. On reproche à l'Union de détruire les spécificités culturelles des nations qui la composent. Cet art de vivre, de penser, de parler, de créer, propre à nos communautés serait menacé par une Union qui réglemente et standardise tout notre quotidien. Ce discours se trompe d'adversaire. La majorité des programmes de télévision et de cinéma européens sont investis par des productions étrangères, qui ne sont hélas pas européennes. Les fast-foods ne sont pas européens. Dans la culture, comme dans l'économie, la loi est dictée, pour les raisons historiques rappelées plus haut, par le modèle américain qui après la guerre a fasciné les peuples européens, conquis par cette civilisation jeune et triomphante. Dire que l'Union est le fourrier de la civilisation américaine ignore la force de séduction d'un modèle qui n'a pas eu besoin de l'Union pour s'imposer dans nos pays. Cette affirmation ignore aussi la faiblesse, jusqu'à ce jour, du modèle culturel européen, modèle à la recherche de lui-même, cloisonné par les frontières, dépourvu d'ambitions et de confiance.

Elle nie enfin le combat que l'Union mène pour « l'exception culturelle », que ce soit sous forme positive ou défensive. Les combats pour la culture sont à double tranchant. Le *Kulturkampf* de Bismarck préludait à un autre combat et a enfermé une des nations culturellement les plus ouvertes sur le monde dans un chauvinisme destructeur. Le nationalisme culturel peut conduire à une culture officielle dominatrice qui peu à peu ostracise tout ce qui n'est pas elle. Une relation protectionniste entre les arts et l'État détruit plus qu'elle n'encourage et conduit à une facilité qui tourne le dos à la création ou même conduit à la dictature culturelle.

L'exception culturelle ne mérite d'être défendue que lorsqu'elle est attaquée, c'est-à-dire lorsque les créations culturelles sont dépendantes du marché et ne peuvent exister que si les flux financiers nécessaires à leur émergence sont taris par la concurrence de produits disposant d'un marché dominant et dont sont amortis les coûts de production. Dans un tel domaine, l'Union n'a pas hésité à livrer les combats nécessaires à l'OMC et à l'Unesco, et à entraîner derrière elle la plupart des pays du monde.

En dehors de l'audiovisuel, il n'y a pas de domaine culturel qui nécessite une défense à coups de quota ou de taxation. Musique, littérature, poésie, peinture, sculpture, architecture n'ont pas besoin de ces combats. Dans chaque pays, la création artistique connaît des passages à vide et des apogées, et le protectionnisme n'y change rien. On peut seulement dire que la prospérité et l'optimisme d'une société sont porteurs des plus grandes époques créatrices.

« L'exception culturelle » revendique beaucoup d'autres dimensions, de la gastronomie à la propriété intellectuelle et aux brevets. Pour parler des deux derniers points, ils relèvent d'affrontements juridiques où le poids politique et économique de l'Union est un atout essentiel. L'Union est le meilleur rempart contre des pratiques qui refusent les normes européennes et déséquilibrent les échanges entre ensembles économiques.

Y aura-t-il demain une culture « européenne » nouvelle qui accompagnera la construction européenne ? Il faut d'abord redire qu'il n'y a pas d'explosion culturelle sans liberté, sans prospérité et sans optimisme. Dans une Union pessimiste, artistes et penseurs sont eux aussi habités par le doute. Repliés sur le passé ou la critique du présent, les artistes européens ne sont pas invités pour l'instant à une vision positive de leur société ni de l'aventure européenne. Verra-t-on renaître l'incroyable capacité créatrice de l'esprit européen ? Où seront les prochaines capitales de la pensée et de l'art dans le monde ? Beaucoup de régions et de villes d'Europe ont vocation à porter un tel renouveau. Dans l'Union, ils trouveront un accueil et un soutien que peu de pays au monde peuvent leur offrir.

Aujourd'hui, l'Union Européenne a probablement franchi les étapes les plus difficiles de sa construction, si difficiles que durant ces soixante-deux années (1952-2014) de nombreuses voix n'ont cessé de s'élever pour clamer que ce projet était fou, que jamais les objectifs des traités ne pourraient être atteints, et que les ambitions des responsables de l'Union étaient totalement déraisonnables. Il a fallu en effet rédiger des traités entièrement nouveaux régissant une mise en commun sans précédent des économies des États membres. Ces traités ont été adoptés et appliqués (à l'exception d'Euratom), devenant ainsi une première constitution de l'Union. Puis ils ont été prolongés et enrichis, embrassant des secteurs sans cesse plus larges de la vie des États membres. Ils ont supporté la multiplication presque par cinq des membres de l'Union. Ils ont rodé de multiples procédures, permettant de parvenir à des décisions communes dans tous les domaines, même les plus improbables. Rien de cela n'était facile et tout était nouveau. L'Union Européenne est un miracle politique que tout paraissait rendre impossible.

La construction de l'Union est loin d'être terminée. Elle commence. Mais les bases sont là. Les expériences, bonnes ou mauvaises, se sont accumulées et constituent un socle solide pour de nouveaux progrès. Tout est possible, beaucoup plus qu'autrefois car les moyens sont infiniment plus grands. De cette incroyable liberté, le bon usage est de notre seule responsabilité.

Ces réflexions positives peuvent paraître décalées par rapport à un présent perçu par beaucoup comme une période noire et sans avenir. Comment faire pour que l'Europe comprenne ses extraordinaires atouts pour bâtir un nouveau monde, et que ses leaders lui ouvrent enfin les fenêtres du futur ? Jean Monnet disait : « l'avenir ne se prévoit pas, il ne se subit pas, il se prépare ».

ANNEXES

DATES D'ADHÉSIONS
AUX COMMUNAUTÉS EUROPÉENNES

1951   CECA : Allemagne, Belgique, France, Italie, Luxembourg, Pays-Bas

1957   CEE et Euratom : membres fondateurs de la CECA

1973   Danemark, Grande Bretagne, Irlande

1981   Grèce

1986   Espagne, Portugal

1995   Suède, Finlande, Autriche

2004   Estonie, Lettonie, Lituanie, Pologne, République Tchèque, Slovaquie, Hongrie, Slovénie, Malte et Chypre

2007   Roumanie et Bulgarie

2013   Croatie

DATES DE LA SIGNATURE DES PRINCIPAUX TRAITÉS EUROPÉENS

1951 Traité instituant la CECA entre les six États fondateurs.

1952 Traité de Paris instituant la Communauté Européenne de défense. La France ne le ratifiera pas.

1957 Les deux Traités de Rome. CEE et Euratom.

1967 Fusion des institutions des trois Communautés.

1992 Traité de Maastricht qui élargit la coopération entre États (notamment dans les affaires étrangères) et modifie les processus de décision dans la Communauté (moins d'unanimité et plus de parlement, par la codécision). Le principe et les modalités de l'Union monétaire sont posés.

1997 Traité d'Amsterdam. Étend le domaine communautaire (immigration et libre circulation des personnes, environnement, santé, culture…). Création des coopérations renforcées.

2000 Traité de Nice. Mini-réforme institutionnelle dans le bon et le mauvais sens pour l'efficacité institutionnelle.

2004 Traité constitutionnel qui ne sera pas ratifié.

2007 Traité de Lisbonne qui réunit, complète, simplifie les traités européens et y introduit la plupart des avancées contenues dans le traité constitutionnel.

BIBLIOGRAPHIE

Les ouvrages, français et étrangers, décrivant les institutions européennes et racontant l'histoire de l'Union se comptent par centaines et ils sont excellents. Une bibliographie de l'Union est un ouvrage en soi. C'est pourquoi seulement six ouvrages sont cités ici.

MACK Geert, *Itinéraire d'un Européen dans le XXe siècle*, NRF, 2007

LÉONARD Mark, *Pourquoi l'Europe dominera le XXIe siècle*, Plon, 2005

TOULEMON Robert, *Aimer l'Europe*, Lignes de repères, 2007

GOULARD Sylvie, *L'Europe pour les nuls*, First édition, 2009

GUETTA Bernard, *Intime conviction*, Seuil, 2014

BERNARD-REYMOND Pierre, *Rapport sur les perspectives de l'Union europeenne*, Sénat, 2014

PETIT GLOSSAIRE

Accords de Schengen	Accords permettant la libre circulation des personnes entre États membres signataires
CECA	Communauté européenne du charbon et de l'acier
CED	Communauté européenne de défense
CEE	Communauté économique européenne
EURATOM ou CEEA	Communauté européenne de l'énergie atomique
GATT	General Agreement on Tariffs and Trade, dépendant de l'Organisation des Nations Unies
OMC	Organisation mondiale du commerce, qui a remplacé le GATT
OECE	Organisation européenne de coopération économique
FEOGA	Fonds européen d'orientation et de garantie agricole

Les lignes qui précédent, laudatrices sur le passé, optimistes sur le futur, seront sans doute jugées par beaucoup comme teintées de partialité parce qu'émanant d'un ancien fonctionnaire européen à la recherche d'une justification des institutions européennes.

Ce jugement ignorerait seulement que l'Union Européenne est une construction totalement collective, impliquant des centaines de membres des Commissions européennes, des centaines de chefs de gouvernement et de ministres nationaux, des milliers de parlementaires nationaux et européens, des dizaines de milliers de fonctionnaires nationaux et européens qui ont, jour après jour, apporté les pierres qui ont permis l'édification d'un système politique et économique totalment novateur

février 2010 – février 2014

Remerciements

Mes remerciements vont à Nicole Hourdé qui m'a aidé tout au long de la rédaction de ce livre. Ils vont aussi à Jean Boissonnat, Michel Camdessus, Michael Gibson, Jacques René Rabier, Georges Rencki et Robert Toulemon pour leurs encouragements.